ELISABETH FLEUCHAUS

Gartenblumen

pflegen

Schritt für Schritt zu üppiger Blütenpracht

ELISABETH FLEUCHAUS

Gartenblumen

pflegen

Über 280 Farbfotos von Marion Nickig, Jutta Schneider/Michael Will, Friedrich Strauß, Eva Wunderlich und anderen bekannten Gartenfotografen

Porträts 96

1

Planung

Gartenblumen machen Freude

Ein Garten ohne Blumen ist unvorstellbar: In Rabatten und Beeten, unter Bäumen und Sträuchern, zwischen Steinen und Kies und am Wasser sorgen die verschiedensten Gartenblumen vom zeitigen Frühjahr bis in den späten Herbst hinein für Farbe, Blütenpracht und Formenvielfalt im Garten.

Die Schönheit ihrer Blüten, ihr Duft und die unerschöpfliche Vielfalt der Farben und Formen machen Gartenblumen so unwiderstehlich. Aus aller Welt kommen sie in unsere Gärten. Am richtigen Standort und bei entsprechender Pflege gedeihen sie auch in unseren Gärten so schön wie in ihrer Heimat.

Gehölze bilden die Kulisse

Das »Grundgerüst« eines jeden Gartens bilden die langlebigen Gehölze – Bäume und Sträu-cher. Richtig geplant, bleiben die Gehölze Jahrzehnte am gleichen Standort, geben dem Garten Struktur und bilden mit ihrem Blattwerk die Kulisse für den bunten Auftritt der Gartenblumen.

Die Vielfalt der Gartenblumen

Die Vielfalt der Gartenblumen ist schier unerschöpflich – und jedes Jahr kommen immer noch neue Sorten hinzu. Der Gärtner unterscheidet grob zwei Gruppen: mehrjährige und ein- und zweijährige Gartenblumen.

■ Zu den mehrjährigen Gartenblumen (→ Seite 10/11) zählen Stauden, Zwiebel- und Knollenblumen. Nach den Gehölzen sorgen sie für die Gestaltung unserer Gärten, da sie viele Jahre an ein und derselben Stelle im Garten gedeihen und sich mit den Jahren immer üppiger entwickeln. Ziergräser setzen besondere Akzente. Mit ihren eleganten Halmen und fedrigen Blütenständen schaffen sie Gartenbilder von besonderem Reiz.

■ Ein- und zweijährige Pflanzen (→ Seite 12/13) werden auch als »Sommerblumen« bezeichnet. Sie müssen entweder jedes Jahr oder alle zwei Jahre neu aus Samen herangezogen werden. Ihre kurze Lebenszeit machen sie aber durch üppigen, lang anhaltenden Flor wett. Mit Sommerblumen können Sie Ihren Blumenbeeten jedes Jahr ein anderes Gesicht verleihen. Sie können sie aber auch wunderbar als Lückenfüller an den verschiedensten Stellen im Garten einsetzen.

Ein- (oben) und zweijährige (rechts) Sommerblumen sind üppige Blüher und hervorragende Lückenfüller.

Der Grundstock: mehrjährige Gartenblumen

Primeln, Tulpen und Krokusse zählen zu den ersten Frühlingsblühern. Im Sommer können wir uns an Rittersporn und Phlox nicht sattsehen. Mit Dahlien und Astern geht das Blumenjahr im Herbst zu Ende.

Keine andere Pflanzengruppe lässt uns die Jahreszeiten im Garten so intensiv erleben wie die mehrjährigen Gartenblumen: unsere Stauden, Zwiebel- und Knollenblumen. Zudem erfreuen sie uns über viele Jahre hinweg durch zunehmendes Wachstum und üppige Blüten.

Sie überstehen ungünstige Witterungsbedingungen mithilfe von unterirdischen Knospen, Zwiebeln, Knollen oder verdickten Trieben. So geschützt, trotzen sie je nach Herkunft den Unbilden der Witterung – starkem Frost, großer Hitze oder extremer Trockenheit.

Hier blühen Zwiebelblumen (orangefarbene Montbretien) und Stauden um die Wette.

Was sind Stauden?

Fachmännisch ausgedrückt, sind Stauden mehrjährige krautige Pflanzen, deren oberirdische Teile meist vor dem Winter absterben. Sie überdauern die Zeit bis zum nächsten Austrieb mit teils unterirdischen, teils ebenerdigen Überwinterungsknospen. Einige Stauden bleiben auch im Winter grün (→ Praxisinfo).

Vielfältige Formen

Der Gärtner unterscheidet Blüten- und Blattschmuckstauden, Beet- und Wildstauden. Viele Stauden erreichen imposante Wuchshöhen, z. B. Rittersporn, andere breiten sich mit Ausläufern flach am Boden aus wie die Teppich-Waldsteinie (*Waldsteinia ternata*), wieder andere bilden runde Horste wie Funkien oder lockere Polster wie die Schleifenblume. Auch Gräser und Farne gehören zu den Stauden. Die Vielfalt an Wuchsformen und -größen ist ein Hinweis auf die verschiedenen Lebensbedingungen an ihrem ursprünglichen Standort.

Woher sie stammen

Unsere Gartenstauden stammen in der Regel aus den gemäßigten Klimazonen vor allem der nördlichen Erdhalbkugel. Sie kommen aus den Prärien Nordamerikas, den durchsonnten Felshängen in Südeuropa, den feuchten Wiesen Ostasiens oder den kühlen subalpinen Wäldern Nordeuropas. Vielfach lässt sich schon aus ihrer Wuchs- und Blatt-

Oft schon im Januar läuten Winterling und Schneeglöckchen das Gartenjahr ein.

form auf ihre Heimat und damit auch auf ihren Standort im Garten schließen:

■ Mediterrane Stauden schützen sich durch eine dichte silbrige Behaarung, Einlagerung ätherischer Öle oder schmales Laub vor der intensiven Sonneneinstrahlung.

■ Stauden aus waldreichen Regionen besitzen oft große dunkelgrüne Blätter, mit denen sie so viel Licht wie möglich einfangen. Meist sind die Blätter weich und besitzen einen geringeren Verdunstungsschutz als Sonnenpflanzen. Sie sind daher auf einen schattigen Standort angewiesen.

■ Alpine Stauden erkennen Sie am gedrungenen Wuchs und den kleinen Blättern.

Zwiebel- und Knollenblumen

Obwohl sie botanisch zu den Stauden gehören, werden Zwiebel- und Knollenblumen in der gärtnerischen Praxis gesondert behandelt. Ihre Speicherorgane, die Zwiebeln und Knollen, enthalten alle Nährstoffe, die die Pflanzen für ihr stürmisches Wachsen und Blühen brauchen.

Innerhalb weniger Wochen ist bei den meisten Zwiebel- und Knollenblumen der Prozess des Wachsens und Blühens abgeschlossen, und sie ziehen sich wieder ins Erdreich zurück. Man unterscheidet:

■ **Zwiebeln** (Lilie, Narzisse, Tulpe) bestehen aus mehreren Schichten fleischiger Schalen. Aus dem Zwiebelboden entwickeln sich die Wurzeln. Stängel, Blätter und Blütenknospen sind bereits fertig angelegt.

■ **Knollen** bestehen aus einheitlichem Gewebe. Es gibt rundliche Sprossknollen wie beim Alpenveilchen oder stern- oder fingerförmige Wurzelknollen wie bei Dahlien oder Steppenkerzen.

■ Bei den **Zwiebelknollen** (Gladiole, Krokus) sind die fleischigen Zwiebelschalen zu einer Knolle verwachsen.

Neues ausprobieren

Fällt der Begriff »Blumenzwiebeln«, denken wir sofort an die frühjahrsblühenden Klassiker wie Krokus, Narzisse, Schneeglöckchen und Tulpe. Und was ist mit Frühjahrs-Alpenveilchen (*Cyclamen coum*), Zwiebel-Iris oder dem in der Blüte an Orchideen erinnernden Hundszahn? Dahlien und Gladiolen kennt jedes Kind, die feuerrote Montbretie sieht man eher selten in den Gärten. Auch die Zierlauch-Arten mit ihren violetten Blütenkugeln oder die zart blühenden Inkalilien setzen sich nur langsam durch. Kennen Sie Herbst-Krokusse (*Crocus speciosus*), deren leuchtende Blütenkelche sich erst im September aus der Erde schieben? Oder das entzückende Herbst-Alpenveilchen, das dichte Teppiche unter Bäumen und Sträuchern bildet, wenn man es nur in Ruhe lässt?
Viele Schätze gibt es zu entdecken in der Welt der Zwiebel- und Knollenblumen. Probieren Sie doch einfach einmal etwas Neues aus!

Praxisinfo

WINTERGRÜNE STAUDEN

■ Polsterstauden wie Schleifenblume, Polster-Phlox und niedrige Fetthenne bleiben im Winter grün.

■ Lavendel (*Lavandula angustifolia*) und Garten-Salbei (*Salvia officinalis*) sind Halbsträucher. Sie verholzen im unteren Bereich und verlieren ihr Laub nur in strengen Wintern.

■ Manche Stauden wie Bergenien sind im Winter grün und werfen ihr Laub erst mit Beginn des Neuaustriebs ab.

Nicht nur Lückenbüßer: Sommerblumen

Was wäre ein Garten ohne die Farbenpracht der Sommerblumen? Das Sortiment bietet nicht nur berauschende Blüten, sondern auch neue Blattschmuck- und Strukturpflanzen.

Sommerblumen sind kurzlebige, ein- oder zweijährige Gartenblumen, die nur einen Sommer lang blühen und nach der Samenbildung absterben. Schade, werden manche von Ihnen sagen. Die begrenzte Lebenszeit der Sommerblumen hat aber durchaus Vorteile:
- Sommerblumen blühen besonders lang und ausgiebig.
- Sommerblumen können wegen ihres schnellen Wachstums überall dazwischengepflanzt werden und unschöne Lücken füllen.
- Wegen ihrer kurzen Lebensdauer können Sie jedes Jahr neue Pflanzenkombinationen oder Farbzusammenstellungen ausprobieren.

Einjährige Sommerblumen

Einjährige Pflanzen durchlaufen ihren gesamten Lebenszyklus in einem Jahr. Sie werden im Frühjahr gesät und blühen und fruchten noch im selben Jahr, bevor sie im Herbst absterben und aus dem Beet genommen werden.

Lange Blütezeit

Bereits Ende Mai stehen die einjährigen Blumen in voller Blüte und hören damit oft bis zum Frost nicht mehr auf. Sie lassen sich zu einem bunten Blütenteppich zusammenstellen, in dem alle Blumen gleichzeitig blühen. Darin unterscheiden sie sich deutlich von den Stauden und Zwiebelblumen, deren Blütezeit auf wenige Wochen beschränkt ist.

Ständig Neues

Noch vor gar nicht langer Zeit war das Sortiment an Sommerblumen für Profis und Hobbygärtner gut zu überschauen. Inzwischen drängen jedes Jahr neue Arten und Sorten auf den Markt. Ganz neu sind auch einjährige Sommerblumen-Mischungen zum Aussäen, die von renommierten Saatgutfirmen angeboten werden. Im April ausgesät, im Mai gepflanzt, entfalten sie ihre Blütenpracht bis zum Frost. Tun Sie den Bienen etwas Gutes mit einer Sommerblumen-Mischung, die viel Pollen und Nektar enthält. Oder probieren Sie eine Mischung mit duftenden einjährigen Blumen aus. Einige Einjährige, z. B. Goldmohn und Duftsteinrich (*Lobularia maritima*), säen sich munter aus und tauchen jedes Jahr an anderer Stelle wieder auf. Wer das nicht mag, sollte entweder auf diese Vagabunden verzichten oder Verblühtes gleich abschneiden, bevor die Samen ausgebildet werden.

SCHNITT HILFT GEGEN BLÜHPAUSE

Einige Sommerblumen legen nach dem ersten Flor eine mehrwöchige Blühpause ein, z. B. Männertreu, Duftsteinrich, Leberbalsam (*Ageratum houstonianum*, → Abb.) und Elfenspiegel (*Nemesia strumosa*). Wenn Sie die Pflanzen nun um die Hälfte zurückschneiden, wässern und düngen, treiben sie schnell wieder durch und setzen neue Blüten an.

Zweijährige Sommerblumen

Im Vergleich zu mehr- und einjährigen Gartenblumen ist diese Pflanzengruppe recht klein. Zweijährige bilden nach der Aussaat zunächst einen Blattschopf und gehen dann in Winterruhe. Im darauf folgenden Frühjahr folgt dann die Blüte. Spätestens im Herbst stirbt die Pflanze ab. Manche Arten wie Nachtviole (*Hesperis matronalis*) oder Vergissmeinnicht (*Myosotis*) säen sich aber willig aus und wandern so durch den ganzen Garten. Bart-Nelke (*Dianthus barbatus*), Frühlings-Primel (*Primula acaulis*), Goldlack (*Cheiranthus cheiri*), Stiefmütterchen (*Viola* x *wittrockiana*) und Stockrose (*Alcea rosea*) sind die bekanntesten Vertreter dieser Gruppe. Die meisten von ihnen werden im Juni/Juli ausgesät und im September an ihren endgültigen Platz im Garten verpflanzt. Manche Zweijährige halten sich sogar weitaus länger als zwei Jahre, wenn Sie die Fruchtansätze entfernen und die Pflanzen gleich nach der Blüte zurückschneiden.

Die Heimat unserer Sommerblumen

Die meisten unserer Sommerblumen sind nicht heimisch, sondern stammen aus anderen Erdteilen oder aus südlichen Regionen Europas. Kapuzinerkresse (*Tropaeolum majus*) und Sonnenblume (*Helianthus annuus*) z. B. sind erst im 16. Jahrhundert nach der Entdeckung Amerikas nach Europa gekommen. Die Gazanie (*Gazania* x *rigens*) stammt aus dem tropischen Afrika, die Vanilleblume (*Heliotropium arborescens*) aus Südamerika und die Studentenblume (*Tagetes*) aus den Trockensteppen Mexikos. Im trockenheißen Mittelmeerklima wachsen Duftsteinrich und Strauchmargerite (*Argyranthemum frutescens*).

Sonnenkinder

Gemäß ihrer Herkunft benötigen daher die meisten Sommerblumen viel Sonne und Wärme, um auch bei uns im Garten üppig zu gedeihen. In neu angelegten Gärten ist Licht in der Regel noch im Übermaß vorhanden – es kann daher durchaus sinnvoll sein, zunächst nur kurzlebige Pflanzen zu verwenden.

Die leuchtend gelb und orange blühenden Ringelblumen und Tagetes dürfen in keinem Bauerngarten fehlen.

Auf die richtige Mischung kommt es an

Bunte Dahlien, Zinnien und Kosmeen zwischen Gräsern und Blattschmuckstauden: Ein Mix aus Sommerblumen, Zwiebelblumen und mehrjährigen Gartenblumen macht Ihren Garten erst richtig schön.

Jede dieser Pflanzengruppen hat Vorzüge, aber auch kleine Schwächen. Blumenzwiebeln sind nach der Blüte unansehnlich. Sommerblumen müssen jedes Jahr neu gepflanzt werden. Stauden blühen nur wenige Wochen lang. Nutzen Sie die Vorzüge der einen, um die Schwächen der anderen zu kaschieren!

Gut kombiniert

Werden Sie kreativ. Wie wäre es z. B. mit einem Beet in Rot? Das warme Rot vieler Dahlien- und Zinniensorten passt schön zum frischen Grün der Staudengräser und rotlaubigen Purpurglöckchen. Auch Blau, Gelb und Weiß lassen sich gut mischen (→ Seite 32/33). Die Kugelformen der Zierlauchblüten z. B. setzen wirkungsvolle Kontraste zu fedrigen Blütenständen vieler Stauden (→ Seite 34/35).

Wenn Sie ein paar Grundregeln beachten, dann darf fröhlich gemischt werden:

■ Mischen Sie hochgezüchtete Gartenblumen nicht mit Wildformen (→ Seite 24).
■ Berücksichtigen Sie die Standortansprüche der einzelnen Arten (→ Seite 18–21).
■ Einfacher wird es auch, wenn Sie Pflanzen mit gleichen Pflegeansprüchen miteinander kombinieren.

Stauden und Zwiebelblumen

Zwiebelblumen und Stauden sind ideale Partner. Die Zwiebeln nehmen den Stauden keinen Platz weg, überbrücken aber so manche Blühpause. Schneeglöckchen und Winterlinge (*Eranthis hyemalis*) lassen Beete erblühen, wenn die Stauden noch im tiefen Winterschlaf sind. Wenn sie endlich mit ihren Blättern aus der Erde spitzen, entfalten Tulpen und Narzissen bereits ihre volle Blütenpracht. Später dann breiten die Stauden ihr Laub über die vergilbenden Blätter der Zwiebelblumen.

Niedrige Zierlauch-Arten verlängern die Blütezeit im Steingarten. In einer Steppenpflanzung setzen die imposanten

Ein rosaroter Blütentraum: Prachtkerze, Zierlauch, Türken-Mohn und Phlox.

Die Fuchsie in ihren verschiedenen Sorten ist ein Klassiker, der sich sehr gut zum Aufhellen halbschattiger Standorte eignet.

Blüten der Steppenkerze vertikale Akzente. Und schließlich veredeln Lilien mit ihren Blüten und verschwenderischem Duft das Prachtstaudenbeet.

Sommerblühende Knollen

Sommerblühende Knollenblumen bringen vor allem Farbe ins Beet, können aber auch eventuelle Lücken in der Staudenflur schließen.

- Probieren Sie eine Kombination aus hohen Gräsern, Pfingstrosen und niedrigen Dahlien-Sorten. Wenn die Pfingstrosen abgeblüht sind, sorgen die Dahlien für Farbe. Die Gräser geben dem Beet optischen Halt und Struktur. Besonders gut geeignete Gräser sind z. B. die zierlichen neuen Chinaschilf-Sorten wie 'Graziella' oder 'Kleine Fontäne'.
- Ein geschütztes, sonniges Beet nah am Haus bietet ideale Bedingungen für Montbretien. Auf durchlässigem Boden sind sie gut winterhart und blühen ab Juli über Wochen. Besonders schön ist die feuerrote

Sorte 'Luzifer' in Kombination mit Wolfsmilch-Arten, Edeldisteln (*Eryngium alpinum*), Steinquendel und niedrigen Berg-Astern (*Aster amellus*).

- Inkalilien vertragen auch etwas Schatten, allerdings nur, wenn der Boden gut durchlässig ist. Es gibt bezaubernd schöne Sorten in Gelb, Rosa und Rottönen.

Sommerblumen

Nicht zuletzt bringen die verschiedenen ein- oder zweijährigen Sommerblumen Farbe, Formenfülle und Blütenpracht ins Beet. Schattige Beete sehen im Sommer oft langweilig aus. Die Stauden und Zwiebelblumen sind verblüht, Grüntöne herrschen vor – hier können Sie mit Sommerblumen Abhilfe schaffen. Sie können die vorgezogenen Pflanzen entweder direkt ins Beet pflanzen oder aber in Töpfe setzen und dann vor oder direkt in das Beet stellen.

- Ein paar Fleißige Lieschen in einem attraktiven Gefäß wirken schon oftmals Wunder. Die größte Wirkung erzielen Sie mit weiß oder hellrosa blühenden Sorten.
- Im Halbschatten von Bäumen und Sträuchern gedeihen auch Begonien, Fuchsien und Männertreu gut.

Sehen Sie sich das Fuchsien-Sortiment einmal genauer an: Abgesehen von den verschiedenen Wuchsformen gibt es eine Vielzahl verschiedener Blüten in den unterschiedlichsten Farben (auch zweifarbig), Formen und Größen. Da kommt keine Langeweile auf.

Praxisinfo

PFLANZENVIELFALT – SCHÖN UND GESUND

Eine bunte Vielfalt an Gartenblumen ist nicht nur ein Genuss für das Auge, sie hält auch den Garten gesund.

- Viele bunte Blüten und nahrhafte Samen locken Insekten und Vögel an, die sich bei der Schädlingsbekämpfung nützlich machen.
- Je größer die Vielfalt an Gartenblumen, umso weniger können sich einzelne Krankheiten oder Schädlinge im Garten ausbreiten.

Wie wähle ich aus?

Kaum ein Platz im Garten, der sich nicht mit farbenprächtigen und oft auch herrlich duftenden Sommerblumen, Stauden und Zwiebelblumen verschönern lässt. Eine gute Planung hilft, aus dem riesigen Angebot der Gärtnereien, Gartencenter und Baumärkte das Richtige für Ihren Garten auszuwählen.

Im Gartenmarkt sah die Pflanze prächtig aus, gesundes Laub und üppige Blüte. Im Garten aber passt sie irgendwie gar nicht ins Beet, sieht bald auch gar nicht mehr »prächtig« aus, fängt an zu kümmern und geht schließlich ganz ein. Hüten Sie sich vor Spontankäufen! Zum einen passen die ausgewählten Pflanzen oft nicht an den vorgesehenen Standort in Ihrem Garten. Zum andern entsteht oftmals ein Sammelsurium im Beet, mit dem Sie immer unzufrieden sein werden und das zudem unnötige Arbeit macht.

Der richtige Standort

Vielleicht haben Sie ein Sonnenkind mitgenommen, dem nun in Ihrem Garten das Licht fehlt? Oder umgekehrt: Ihr Garten ist neu angelegt, noch fehlt das schattenspendende Laub der Bäume – Ihr Neuzugang leidet unter der starken Sonneneinstrahlung.
Mag die Pflanze einen kräftigen Lehmboden? Oder gedeiht sie nur auf schottrigen, mageren Böden?
Machen Sie sich also vor dem Kauf unbedingt mit den Lebensansprüchen (→ Seite 18/19) der ins Auge gefassten Gartenblumen vertraut. Nach meiner Erfahrung ist das die wichtigste Voraussetzung für eine gelungene Bepflanzung und kräftige und gesunde Pflanzen. Informieren Sie sich in Gartenzeitschriften oder

-büchern. Fragen Sie den Verkäufer. Lesen Sie auf jeden Fall die Etiketten mit den Standortangaben, die bei der Pflanze stecken sollten, genau durch.

Prachtstaude oder Wildpflanze?

Wenn für Sie die Beschäftigung mit Pflanzen keine Arbeit, sondern Entspannung und Freude bedeutet, dann entscheiden Sie sich für Prachtstauden, farbenfröhliche Sommer- und exotische Zwiebelblumen. Wenn Sie Ihren Garten lieber vom Liegestuhl aus erleben, dann wählen Sie pflegeleichte Wildpflanzen. Prachtstauden und Wildpflanzen unterscheiden sich nicht nur in ihren Pflegeansprüchen (→ Seite 68–71), sie passen auch oft in Gestalt und Farbe nicht gut zusammen.

Üppige Blütenpracht vom Gartenmarkt – jetzt brauchen die Pflanzen nur noch den passenden Standort im Garten.

Für jeden Standort die richtige Pflanze

Die Natur macht es uns vor: Wenn der Lebensraum passt, wachsen und blühen die Blumen von ganz alleine. Erkunden Sie daher Ihren Garten auf seine verschiedenen Lebensbereiche.

Seerosen würden in der Wüste verdursten und Kakteen im Sumpf nicht wachsen – das weiß jedes Kind. Sicher, extreme Beispiele, aber sie zeigen deutlich, worauf es ankommt: Gartenpflanzen brauchen, um gesund und kräftig zu wachsen, ähnliche Bedingungen wie an ihrem natürlichen Standort. Das gilt insbesondere für die Wildpflanzen. Informieren Sie sich daher, wo die Pflanzen in Natura vorkommen und welche Ansprüche sie an Licht und Schatten, Bodenart und Bodenfeuchtigkeit stellen (→ Porträts ab Seite 96). Dann können Sie ihnen den entsprechenden Platz in Ihrem Garten anbieten.

Die einzelnen Lebensbereiche gehen durchaus auch ineinander über. Verstehen Sie die folgenden Angaben also als Empfehlung für eine standortgerechte Verwendung der Gartenblumen.

Lebensbereich Gehölz

Der Lebensbereich Gehölz entsteht unter hohen Bäumen und Sträuchern, die nur wenig Sonnenlicht durchlassen. Solch ein schattiger Standort findet sich im Garten am ehesten an der Nordseite von Gebäuden oder Mauern, beschattet von höheren Sträuchern oder Bäumen. Auch im Hochsommer ist es dort eher kühl und luftfeucht – ganz wie im Wald. Der Boden ist humos und locker. Das Falllaub bleibt liegen und verrottet schnell. Im Frühjahr, wenn viel Licht durch die noch kahlen Äste fällt, haben in diesem Bereich Winterling und Märzenbecher (*Leucojum vernum*) ihren großen Auftritt. Hier ist auch der Platz für die unterschiedlichsten Blattschmuckstauden. So lässt sich z. B. das filigrane Laub der Schattengräser und -farne sehr schön mit großblättrigen Funkien, dem imposanten Schaublatt oder den schön gezeichneten graziösen Elfenblumen kombinieren. Trotzdem brauchen Sie auch unter Bäumen nicht auf üppige Blüte zu verzichten: Fleißige Lieschen fühlen sich im Schatten sehr wohl und beleben das Beet einen ganzen Sommer lang mit ihrer überschäumenden Blütenfülle.

Lebensbereich Gehölzrand

Am offenen Waldrand sind sie zu Hause, und genauso wollen sie auch im Garten stehen: Gehölzrandstauden wie Eisenhut, Gemswurz, Herbst-Anemone oder Primeln lieben den wechselnden Schatten der Bäume und Sträucher. Sie sind in der Regel sehr robust und brauchen wenig Pflege. Im Gegenteil: Lässt man sie ungestört

---

SCHATTENSTAUDEN ALS RASENERSATZ

Im Schatten hoher Bäume wächst oft mehr Moos als Rasen, und das Ganze sieht nicht sehr schön aus. Schattenstauden sind hier eine gute Alternative.

- Entfernen Sie Moos und Reste von Rasengräsern. Lockern Sie anschließend den Boden und verbessern Sie ihn mit Kompost oder Rindenhumus.
- Für die Bepflanzung im Baumschatten eignen sich Stauden und Kleinblumenzwiebeln der Lebensbereiche Gehölz und Gehölzrand.

n Schatten von Bäumen
arne und andere Schattenstauden
eben ausgeglichene Feuchtigkeit
nd Temperaturen, wie das im
chatten von Bäumen der Fall ist.
uch das Schaublatt *(Rodgersia
innata)* wächst hier gerne, wenn
er Boden lehmig und feucht ist.

Am lichten Gehölzrand
Am südseitigen Gehölzrand findet
das Tränende Herz den passenden Standort. Wenn es dazu noch
lehmigen Boden bekommt, be-
dankt sich die Pflanze mit gesundem Wachstum und jedes Jahr
aufs Neue mit üppiger Blüte.

Feuchte Gartenecken
Ob auf nassen Beeten im Sumpf
oder am Uferrand: Die gelbe
Sumpf-Schwertlilie fühlt sich an
beiden Standorten wohl. Sie lässt
sich sehr gut mit der gelben Trollblume und der rosaroten Rosen-
Primel vergesellschaften.

wachsen, bedecken sie den Boden, unterdrücken zuverlässig
aufkommendes Unkraut und
schlucken das Falllaub der Gehölze. Es macht jedoch einen
erheblichen Unterschied, ob
Sie die Nord- oder die Südseite
eines Gehölzstreifens bepflanzen wollen:
■ Am **südseitigen Gehölzrand**
ist es sonnig und warm. Im
Sommer trocknet der Boden
zeitweise sogar aus. Hier fühlen
sich Akelei *(Aquilegia)*, der
wunderschöne Diptam *(Dic-
tamnus alba)*, aber auch viele
Storchschnabel-Arten besonders wohl. Auch etliche Zwie-
bel- und Knollenblumen lieben den sonnigen Gehölzrand:
Krokus, Milchstern und
Schneeglanz, aber auch die
wilden Alpenveilchen breiten
sich hier willig aus. Selbst die

Königin der Gartenblumen –
die Lilie – fühlt sich am sonnigen Gehölzrand wohl, vorausgesetzt, der Boden ist locker,
humos und nicht zu trocken.
■ Am **nordseitigen Gehölzrand**
dagegen ist es schattig, nicht
ganz so warm und der Boden
eher feucht. Hier gedeihen
Lungenkraut *(Pulmonaria
angustifolia)*, Waldraute *(Tha-
lictrum)* oder Immergrün.
■ Problemzonen im Gehölz-
randbereich sind immer die
sommertrockenen Plätze im
Schatten. Für diese Bereiche
eignen sich am ehesten Bergenien, Christrosen mit weißen
und roten Blüten oder Funkien. Ein schönes Gefäß, bepflanzt mit verschiedenfarbi-
gen Fuchsien, sorgt in den
Sommermonaten für aufhel-
lende Farbkleckse.

Feuchte Lebens-
bereiche

Auch für feuchte und nasse
Gartenecken gibt es eine ganze
Reihe schöner Blumen. In der
Natur wachsen sie auf feuchten
Wiesen oder Ufern von Gewässern. Rosen-Primel, die gelbe
Sumpf-Schwertlilie und die
Sumpfdotterblume haben gerne ganzjährig nasse Füße und
passen hervorragend an den
Randbereich eines Teiches oder
Bachlaufes. Haben Sie Ecken
im Garten, die nach Regenfäl-
len nur sehr langsam abtrocknen? Pflanzen Sie doch Ligula-
rie, Pfeifengras, Purpurdost
und Trollblume. Diese Stauden
wollen keinen dauerhaft nassen
Boden, mögen es aber feucht
und vertragen zwischendurch
auch Trockenheit. Eine besondere Kostbarkeit ist die heimi-

sche Schachbrettblume. Geben Sie ihr ein feuchtes Plätzchen im Halbschatten, wo sie sich in Ruhe ausbreiten kann.

Lebensbereich Freifläche

Sonnenschein von morgens bis abends, weit und breit kein Baum oder Strauch, heiß und trocken – das kennzeichnet den Lebensbereich Freifläche. Hier gedeihen Pflanzen unterschiedlicher Herkunft:

- Stauden aus den nordamerikanischen Prärien wie die Hohe Nachtkerze (*Oenothera tetragona*) und die Prachtscharte (*Liatris spicata*) sind ganz besondere Blickfänge.
- Viel extremer geht es in den Felssteppen dieser Erde zu. Wer hier gedeihen will, muss Hitze, Trockenheit, mageren Boden

und intensive Sonneneinstrahlung vertragen können. Fetthenne, Lavendel, Steppenkerzen und Wildtulpen sind da nicht zimperlich. Das Gleiche gilt für Ehrenpreis, Gold-Wolfsmilch und Präriekerze. All diese Pflanzen sind bestens geeignet, sonnige und trockene Gartenecken in eine blühende Pflanzung zu verwandeln. Zudem bilden sie innerhalb kurzer Zeit eine geschlossene Decke, so dass Unkraut kaum mehr Chancen hat.

- Auch ein großer Teil unserer Ziergräser gehört in den Lebensbereich Freifläche. Blaustrahlhafer, Federborstengras (*Pennisetum compressum*) und Silberährengras lockern mit ihrer anmutigen Gestalt jede Pflanzung auf.
- Aber auch mit einjährigen Wildblumen wie Schleier-

Eisenkraut oder Strohblume lassen sich Freiflächen sehr schön gestalten.

Fertige Saatgutmischungen z. B. – entweder auf Duft oder Insektennahrung ausgerichtet – eignen sich hervorragend zum Experimentieren.

Lebensbereich Steinanlagen

Der Lebensbereich Steinanlagen ist vor allem durch das Steinmaterial definiert. Obwohl die dazugehörigen Pflanzen meist Sonnenkinder sind, stehen die Lichtverhältnisse nicht unbedingt im Vordergrund. Plätze im Garten, auf denen steiniges Material die Entwicklung der Pflanzen begünstigt, wie Trockenmauern (→ Seite 54/55), Steintreppen, Mauerkronen oder ein Stein-

Sonnige Freiflächen
Sonne pur und einen durchlässigen Boden weitab von Bäumen und Sträuchern – der ideale Standort für Steppen- und Präriepflanzen, zahlreiche Ziergräser und einjährige Wildblumen.

Mauern, Steine und Kies
Große Steine und ein gut dränierter Boden: Mehr brauchen die Pflanzen des Lebensbereiches Steinanlagen nicht zu ihrem Glück. Dazu können Sie noch zwischen sonnenhungrigen und schattenliebenden Arten wählen.

Ein Beet für Prachtstauden
Eine stattliche Erscheinung, Blüten in Hülle und Fülle – so sehen Stars und Primadonnen im Beet aus. So viel Schönheit kommt nicht von ungefähr: Viel Pflege nötig, dazu guter Boden und e[...] sonniger Standort.

garten am Hang, zählen zum Lebensbereich Steinanlagen. Hier wachsen Pflanzen, die besonders gut in Gemeinschaft mit kleinen oder großen Steinen gedeihen. Die Steine sorgen zum einen für einen guten Wasserabzug. Zum andern halten sie den Wurzelbereich der Pflanzen schön kühl und feucht. Mit Humus und Nährstoffen sollten Sie hier geizen – die Pflanzen dieses Lebensbereiches sind an magere, humusarme Böden gewöhnt. Der Lebensbereich Steinanlagen bietet sowohl sonnenhungrigen als auch schattenliebenden Pflanzen eine Heimat.

■ Die absonnige Seite einer Mauer oder ein eher schattiger Steingarten lassen sich z. B. mit filigranen Farnen, Glockenblumen, Felsenteller (*Ramonda*) und Moos-Steinbrech sehr schön gestalten.

■ Eine Trockenmauer eignet sich hervorragend als Pflanzplatz für Blaukissen, Polster-Phlox und Pfingst-Nelke. Sie legen ihre üppigen Polster auf die Steine und hängen tief an der Mauer herab. Würden sie auf Erde liegen, bestünde die Gefahr der Fäulnis.

■ Unverzichtbar in Steinanlagen sind Zwiebelblumen. Zu den allerersten Blühern gehören Netzblatt-Iris und Zwerg-Iris mit ihren strahlend blauen Blüten. Zierliche Wildformen von Narzissen und Tulpen fühlen sich hier ebenfalls wohl. Und schließlich gibt es noch die niedrigen Arten des Zierlauchs, die die Blütezeit im Steingarten bis in den Juli hin-

ein verlängern. Besonders schön ist der teppichbildende Enzian-Lauch (*Allium cyaneum*) aus Westchina mit seinen blauen Blütendolden.

Lebensbereich Beet

Der Lebensbereich Beet hat kein Vorbild in der Natur. Hier haben Prachtstauden und Schmuckpflanzen mit üppiger, farbenprächtiger, oft gefüllter Blüte ihren Platz (→ Seite 50/51). Der Boden sollte nährstoffreich, durchlässig und mit Humus angereichert sein. Ein Platz an der Sonne ist Voraussetzung für eine üppige Blüte. Konkurrenz von Wildblumen oder gar Wurzeldruck von Gehölzen nehmen die Pflanzen dieses Lebensbereiches übel. Glattblatt- und Kissen-Astern, Pfingstrosen, Phlox, Rittersporn und Roter Sonnenhut, aber auch Dahlien, Gladiolen und zahlreiche Zuchtsorten von Tulpen und Narzissen sind bekannte und beliebte Beispiele für die Bepflanzung eines Schmuck- oder Prachtbeetes.

Verwöhnte Gartenblumen

Beetstauden sind die Stars unter den Gartenblumen. Sie stellen dafür aber auch recht hohe Ansprüche – sowohl an den Boden als auch an den Pflegeeinsatz des Gärtners. Der Boden um sie herum soll immer schön offen und gelockert und möglichst frei von Unkräutern sein. Wenn die Pflanzen dann noch ausreichend gewässert, gedüngt und aufgebunden werden, bedanken sie sich mit stolzem Wuchs und prachtvollen Blüten. Das Sortiment der Prachtstauden und Blumenzwiebel-Züchtungen wird übrigens von Pflanzenexperten ständig auf seine Gartenwürdigkeit geprüft. Dabei trennt sich schnell die Spreu vom Weizen. Gute Sorten sind gesund, standfest und blühen über lange Zeit. Eine besonders farbenfrohe Rabatte erhalten Sie mit einer Kombination aus großblumigen Frühjahrsblühern, sommer- und herbstblühenden Prachtstauden und farbenprächtigen Sommerblumen.

Checkliste

DIE RICHTIGE PFLANZE AM RICHTIGEN PLATZ

✔ Stimmt das Licht? Sonnenhungrige Blumen z. B. wollen mindestens 5 Stunden täglich intensive Sonne, Schattenstauden verbrennen in der Mittagssonne.

✔ Stimmt die Feuchtigkeit? Astilben z. B. wollen feuchten Boden, Türkenmohn liebt die Trockenheit.

✔ Stimmt der Boden? Manche Gartenblumen wie Lavendel brauchen Kalk und mineralreiche Böden. Farne mögen humosen, eher sauren Waldboden.

So halten Sie die Garten-arbeit in Grenzen

So schön der Umgang mit den Gartenblumen ist – zu viel Arbeit sollen sie auch nicht machen. Mit dem richtigen Know-how können Sie sich jedoch mancherlei Arbeit ersparen.

Sicher macht es Ihnen Spaß, Ihre Gartenblumen zu hegen und zu pflegen. Aber alles hat seine Grenzen: Die Arbeit im Garten sollte Ihnen nicht über den Kopf wachsen. Schließlich wollen Sie die schönen Blumen auch vom Liegestuhl aus bewundern. Mit einiger Voraussicht können Sie den Aufwand für die Pflege der Gartenblumen jedoch auf ein vertretbares Maß reduzieren.

Das A und O: eine gute Vorbereitung

Schon bei der Anlage Ihres Blumengartens sollten Sie die Weichen richtig stellen. Eine sorgfältige Vorbereitung der Pflanzfläche und ein optimaler Standort für die ausgewählten Pflanzen sparen viel Zeit bei der späteren Pflege.

Beete und Rasenfläche sauber trennen

Trennen Sie Rasen und Beet gut voneinander, sonst wachsen Rasengräser und Unkraut ständig in die Pflanzfläche. Mit einem Rasenkantenstecher geht das einfach und schnell. Noch weniger Arbeit macht die Rasenkante, wenn Sie sie mit Rasenkantensteinen einfassen. Verlegen Sie die Steine so, dass Sie mit dem Rasenmäher darüberfahren können. So entfällt das lästige Nachschneiden per Hand.

Unkraut vorab entfernen

Bevor Sie die erste Gartenblume pflanzen, sollte die Pflanzfläche frei von Wurzelunkräutern sein. Hier können Sie gar nicht gründlich genug sein. Breiten sich Giersch und Quecken erst mal zwischen den Stauden aus, ist es äußerst mühsam, sie zu bekämpfen. Eigentlich hilft dann nur noch, das Beet wieder zu räumen und von vorne anzufangen. Es gibt verschiedene Möglichkeiten, Wurzelunkräutern zu Leibe zu rücken. Man kann sie mit Unkrautvernichter spritzen, immer wieder abhacken, mit der Grabegabel ausgraben oder ihnen mit schwarzer Folie und darüberliegendem Rindenmulch Licht und Luft nehmen (→ Seite 44). Egal, welche Methode Sie wählen: Nur eine wurzelunkrautfreie Pflanzfläche wird zum pflegeleichten, schönen Gartenblumenbeet.

Pflanzfläche begehbar machen

Machen Sie sich die Pflegearbeit leicht, indem Sie Trittplatten in die Beete legen. Wählen Sie die Platten nicht zu klein, damit Sie sicher darauf stehen

Tipp

PFLEGELEICHTER: WINTERHARTE BLUMEN

Beschränken Sie sich auf winterharte Gartenblumen, wenn Sie Arbeit sparen wollen. Der alljährliche Winterschutz an empfindlichen Stauden wie Pampasgras oder Montbretien kann lästig werden. Das Gleiche gilt für Dahlien und Inkalilien, deren Knollen im Herbst ausgegraben und frostfrei überwintert werden müssen.

und sich umdrehen können. Verteilen Sie die Platten so, dass von ihnen aus alle Teile der Pflanzfläche gut zu bearbeiten sind (→ Seite 50). Natürlich können Sie statt der Platten auch schmale Pfade aus Stein, Kies oder Rindenmulch anlegen. Sie werden schnell feststellen, um wie viel angenehmer sich das Beet dann pflegen lässt.

Achten Sie auf Größe und Form der Pflanzfläche

Überlegen Sie gut, wie und wie groß Sie das Beet anlegen. Besonders bei den pflegeintensiven Rabatten mit Prachtstauden und Zwiebelblumen steigt die Arbeitszeit proportional zur Beetgröße.

■ Ein schmales, langes Beet, vielleicht sogar von beiden Längsseiten mit Wegen eingefasst, lässt sich viel einfacher und schneller bearbeiten als ein Beet mit großer Tiefe.

Standortgerecht pflanzen

Gartenfachleute verstehen unter »Standort« die Summe aller Umwelteinflüsse, die auf die Pflanze einwirken: Licht und Schatten, Bodenart, Wasser- und Nährstoffgehalt, aber auch Kleinklima und eventuelle Hanglage spielen eine Rolle. Wenn sich Gartenblumen an ihrem Platz im Garten »zu Hause« fühlen, brauchen sie kaum Pflege und werden viel weniger von Schädlingen und Krankheiten heimgesucht – Pflanzenschutz erübrigt sich.

Ein typisches Beispiel ist die Christrose, die auf kalkhaltigen Böden im Schatten üppig gedeiht. Pflanzt man sie aber in kalkarme Erde, stellen sich Virus- und Pilzkrankheiten ein. Auch die Gießarbeit lässt sich weitgehend reduzieren. Bepflanzen Sie trockene, sonnige Ecken mit Steppenpflanzen, die umso schöner blühen, je weniger Wasser sie bekommen (→ Seite 52). Geben Sie Schattenpflanzen ein kühles Plätzchen unter Bäumen – der Wasserverbrauch verringert sich an diesem Standort sehr.

Die richtigen Stauden am richtigen Platz wachsen zügig heran und bedecken bald den Boden mit ihren Blättern – und damit brauchen Sie auch immer weniger Zeit für die Unkrautbekämpfung.

Eine sauber angelegte Rasenkante erspart viel Pflegearbeit und gibt dem Blumenbeet eine schöne Kontur.

Viel oder wenig Pflegeaufwand?

Ein Schmuckbeet mit prächtigen Blütenstauden und farblich abgestimmten Sommerblumen ist eine wahre Augenweide. Wenn Sie dann noch großblumige Tulpen und Narzissen und farbenprächtige Dahlien dazugesellen, währt die Blütenpracht sogar vom Frühjahr bis zum Herbst. Aber machen wir uns nichts vor: Solch ein Schmuckbeet braucht viel Pflege.

■ Der Boden um die Pflanzen muss ständig von Unkraut befreit und gelockert werden.
■ Die großen Blüten brauchen eine stabile Stütze, sonst kippen sie bei Wind und Wetter leicht um.
■ Verblühtes und Schadhaftes sollten Sie laufend abschneiden, damit die Ästhetik des Beetes nicht gestört wird.

Am rechten Platz gepflanzt, werden Pfingstrosen von Jahr zu Jahr üppiger und schöner.

■ Bei anhaltender Trockenheit sollte auf alle Fälle ausreichend gewässert werden.
■ Vor allem die hochgezüchteten Sommerblumen sollten mehrmals gedüngt werden.

Pflegeleichte Wildblumen statt Schmuckstauden

Weniger Aufwand bereiten da Wildblumen. Standortgerecht gepflanzt, kommen sie mit einem Minimum an Pflege aus. Pflanzen Sie aber die Wildblumen auf keinen Fall zwischen die Zuchtsorten. Die Ansprüche an Boden und Pflege sind einfach zu unterschiedlich. Für die Wildblumen ist der Boden im Schmuckbeet meist zu nährstoffreich. Sie entwickeln dann viel Laub, jedoch wenig Blüten. Auch mögen viele Wildblumen es gar nicht, wenn ständig zwischen ihnen gehackt wird, sie wollen sich in aller Ruhe ausbreiten. Das gilt auch für Kleinblumenzwiebeln wie Schneeglöckchen und Winterling.

Robuste und empfindliche Pflanzen trennen

Beachten Sie beim Kombinieren verschiedener Stauden auch, dass einige vitaler sind und schneller wachsen als andere. Schnell ist ein zartes Staudenpflänzchen von seinem konkurrenzstarken Nachbarn überwuchert! Die richtige »Partnerwahl« ist daher ganz entscheidend für eine gelungene Bepflanzung.

Wenn Sie noch wenig Gartenerfahrung haben, arbeiten Sie erst mal mit robusten Stauden wie Funkien, Storchschnabel oder Taglilien. Auch viele Prachtstauden wie Astern, Phlox und Sonnenbraut sind durchaus robust.

Bei mehr Erfahrung können Sie sich dann auch an heikle Schönheiten wie Götterblume (*Dodecatheon media*) oder Orchideen-Primel (*Primula vialii*) heranwagen.

Pflanzen Sie bevorzugt langlebige Stauden

Stauden sind per Definition mehrjährige Pflanzen. Es gibt aber erhebliche Unterschiede, was ihre Lebensdauer betrifft: Bunte Margerite (*Chrysanthemum coccineum*), Kokardenblume (*Gaillardia*-Hybriden), Sommermargerite (*Chrysanthemum maximum*) und Mädchenauge (*Coreopsis lanceolata*) sollten alle paar Jahre geteilt – also verjüngt – und neu gepflanzt werden, damit sie wüchsig und blühfreudig bleiben – und das macht Arbeit! Dagegen können Christrosen, Funkien, Pfingstrosen und Taglilien über viele, viele Jahre am gleichen Standort ausdauern, ohne in ihrer Attraktivität nachzulassen.

Pflanzen Sie nicht zu dicht

In der Vorfreude auf ein üppig blühendes Beet passiert das sehr vielen Gartenfreunden: Zu viele Pflanzen werden zu eng gepflanzt. Die ersten drei Jahre geht das wunderbar, und die Pflanzung schließt sich schnell. Bereits nach fünf Jahren aber wachsen die Stauden ineinander, nehmen sich die Luft und

Nach zwei bis drei Jahren ist ein gut bepflanztes Beet dicht eingewachsen, ohne dass sich die Pflanzen gegenseitig behindern.

bedrängen sich gegenseitig im Wachsen. Die Pflanzung läuft aus dem Ruder und wird unschön. Überwucherte Stauden werden ausgerissen. Das Ende vom Lied: Die Pflanzung muss neu angelegt werden.

Also besser gleich die richtige Pflanzweite einhalten, auch wenn es zunächst ein bisschen dürftig aussieht. Lücken können in den ersten Jahren ja mit einjährigen Sommerblumen oder Zwiebel- und Knollenpflanzen ausgefüllt werden.

Samenunkräuter rechtzeitig entfernen

Solange noch größere Pflanzlücken im Beet sind, stellen sich alsbald unerwünschte und lästige Samenunkräuter ein. Springkraut, Vogelmiere und Rispengras haben keine große Chance, wenn Sie regelmäßig hacken oder jäten, bevor die Unkräuter zur Blüte kommen. Samenunkräuter verschwinden von selbst, wenn sich die Pflanzung geschlossen hat.

Gartenhelfer Mulch

Mulch verhindert den Anflug von Samenunkräutern, hält den Boden feucht und macht ihn krümelig.

Beachten Sie aber: Rindenmulch gehört in die Pflanzungen unter und vor Bäumen und Sträuchern. Steingärten und Steppenpflanzungen werden mit Kies oder Splitt gemulcht (→ Seite 64/65).

Vorsicht vor wuchernden Pflanzen

Einige Wildstauden machen Ausläufer in jede Richtung und haben bald ihre Nachbarn im Beet überwachsen. Sie im Zaum zu halten, ist ein schier unmögliches Unterfangen: Balkan-Storchschnabel (*Geranium macrorrhizum)*, Goldfelberich (*Lysimachia punctata*) und Teppich-Waldsteinie – um nur einige Beispiele zu nennen – sollten Sie sich nur dann in den Garten holen, wenn Sie Flächendecker brauchen und tolerieren.

Vorsicht auch bei Frauenmantel (*Alchemilla mollis*), Kaukasus-Vergissmeinnicht, Spornblume (*Centranthus ruber*) und Traubenhyazinthen (*Muscari*). Wenn diese Arten sich wohlfühlen, versamen sie sich im ganzen Garten und verdrängen schnell andere Pflanzen.

Gute Sorten wählen

Zuchtsorten von Stauden, Blumenzwiebeln und Sommerblumen werden ständig auf ihre Gartentauglichkeit überprüft. Gute Fachbetriebe wissen um die empfehlenswerten Sorten und beraten Sie gerne. Schlechte Sorten machen Ärger und Arbeit. Sie sind krankheitsanfällig, nicht standfest, blühfaul oder brauchen einen guten Winterschutz.

Tipp

VON DER NATUR ABGESCHAUT

Wenn Sie einen pflegeleichten Garten wünschen, sollten Sie die Natur als Vorbild nehmen. Warten Sie in Ruhe ab, welche Blumen sich in Ihrem Garten wohlfühlen, und lassen sie sich ausbreiten. Noch nackter Boden wird mit einer 2–3 cm dicken Mulchschicht bedeckt, bis sich die Pflanzendecke geschlossen hat.

Expertentipps rund um die Planung

Mit der richtigen Planung ist es gar nicht so schwer, sich im großen Sortiment der Gartenblumen zurechtzufinden. Sonne, Halbschatten oder Schatten: Für jeden Standort gibt es geeignete Pflanzen. Manche duften auch stark, andere sind begehrtes Bienenfutter.

? Ich habe ein Staudenbeet in der vollen Sonne und möchte den Beetrand mit einjährigen Sommerblumen einfassen. Ist das sinnvoll?

Das ist sogar eine sehr gute Idee! Probieren Sie entweder fertige Saatmischungen, die es in verschiedenen Farbzusammenstellungen im Handel gibt, oder kaufen Sie Jungpflanzen beim Gärtner. Bestens bewährt haben sich hier Duftsteinrich (*Lobularia maritima*) und Studentenblumen.

? Wir haben ein Beet an der Hauswand, das im Sommer sehr heiß und trocken wird. Es will hier nichts so richtig wachsen. Haben Sie einen Tipp für uns?

Pflanzflächen an Südwänden von Gebäuden kann man getrost als Extremstandort bezeichnen. Die Sonne brennt den ganzen Tag herunter und wird auch noch von der Wand reflektiert. Die Hitze staut sich, und der Dachvorsprung hält viel Regen ab.

Wer sich hier wohlfühlt, ist von seiner Heimat her extreme Hitze und Trockenheit gewöhnt. Gamander (*Teucrium chamaedrys*), Heiligenkraut (*Santolina chamaecyparissus*), Lavendel und Thymian (*Thymus vulgaris* 'Compactus'), aber auch Palmlilien (*Yucca filimentosa*) werden sicherlich gut an dem von Ihnen beschriebenen Standort gedeihen.

? Ich möchte gern, dass sich die Zwiebelblumen in meinem Garten ausbreiten. Was muss ich beachten?

Es gibt Blumenzwiebeln, die sich besonders gut zum Verwildern eignen. Hierzu zählen Blausterne, Schneeglöckchen, Wildkrokus, Winterlinge und Zierlauch, aber auch Narzissen und Wildtulpen. Wenn sie sich an ihrem Platz im Garten wohlfühlen, verbreiten sie sich ganz ohne Ihr Zutun. Entfernen Sie die Laubblätter erst, wenn sie gelb geworden und abgestorben sind. Nur so können die

Zwiebeln genügend Nährstoffe sammeln. Das gilt natürlich auch für Zwiebelblumen im Rasen. Hier dürfen Sie auch erst darübermähen, wenn die Blätter gelb sind. Dauert Ihnen das zu lange, dann müssen Sie um die Zwiebelblumen herummähen.

? Mein Tränendes Herz hinterlässt nach der Blüte eine unschöne Lücke im Beet. Wie kann ich sie kaschieren?

Das Tränende Herz vergilbt schon einige Wochen nach der Blüte und überdauert den Sommer in seinen unterirdischen Knospen.
Pflanzen Sie Ihr Tränendes Herz mehr in den Hintergrund des Beetes. Beste Zeit dazu ist der Oktober. In den Vordergrund setzen Sie dann höhere Stauden wie Eisenhut, Funkien und Taglilien. Aber auch einige Sommerblumen kommen als »Lückenbüßer« infrage: Fuchsien und Inkalilien mögen ebenfalls Halbschatten und füllen die unschöne Lücke.

? Ich würde gerne möglichst viele Gartenblumen anbauen, die Bienen und Hummeln Futter bieten. Was können Sie mir da empfehlen?

Grundsätzlich gilt, dass Bienen und Hummeln nur von ungefüllten Blüten profitieren. Gefüllte Blüten enthalten gar keinen Nektar. Besonders wertvoll für die Bienen sind die Sommerblüher. Dort finden sie Nahrung, wenn die Obst- und Rapsblüte vorbei sind. Gutes Bienenfutter liefern etliche mediterrane Stauden wie Lavendel, Salbei und Thymian. Ein wahrer Bienenmagnet ist der Steinquendel. Sie können ihn im Spätsommer direkt »hören«, so ist er von Bienen umschwärmt. Sie können den Bienen und Hummeln aber auch etwas Gutes tun, wenn Sie einjährige Blumenmischungen aussäen. Etliche Saatgutfirmen bieten sogar spezielle »Bienenmischungen« an.

? Ich hätte so gerne Christrosen im Garten und habe das auch schon etliche Male probiert – aber sie wollen einfach nicht gedeihen. Was mache ich bloß falsch?

Ich vermute, dass Sie bisher erfolglos die weiße Christrose (*Helleborus niger*) gepflanzt haben. Diese Staude möchte einen halbschattigen oder schattigen Platz und einen lehmigen, vor allem aber kalkhaltigen Boden. In sauren Böden gedeihen Christrosen nicht. Christrosen reagieren im Sommer sehr empfindlich auf Nässe. Pflanzen Sie sie deshalb am besten unter Bäume, dort ist es im Sommer meist trocken. Im Winter und Frühjahr sollte der

Boden dagegen feucht sein. Bekommt sie alle Wünsche erfüllt, gehört die Christrose zu den langlebigen Stauden und blüht von Jahr zu Jahr üppiger. Robuster ist die Lenzrose (*Helleborus orientalis*). Ihre großen Blüten sind cremeweiß, oft auch rötlich gefärbt.

? Staudengärtnereien verweisen in ihren Katalogen darauf, dass bestimmte Staudenarten vegetativ vermehrt sind. Was ist damit gemeint, und worin besteht der Vorteil?

Nehmen wir als Beispiel den Rittersporn. Durch intensive Züchtungsarbeit ist es gelungen, besonders standfeste und mehltaufreie Sorten auszulesen. Bestes Beispiel ist die Sorte 'Finsteraarhorn'. Sie zeichnet sich durch besonders robuste Gesundheit und straffen Wuchs aus. Durch vegetative Vermehrung (Stecklinge, Teilung) erhält der Gärtner identische Jungpflanzen mit genau den gleichen positiven Eigenschaften der Mutterpflanze. Nun gibt es aber ein Problem: Die vegetative (ungeschlechtliche) Vermehrung ist längst nicht so ergiebig wie die generative (geschlechtliche) Vermehrung, also die Aussaat. Darum vermehren manche Staudengärtner ihre Stauden durch Aussaat. Sie erhalten so eine große Anzahl an Jungpflanzen. Der Nachteil: Die Nachkommen zeigen oft andere Eigenschaften als die Mutterpflanze. Um auf unseren Rittersporn zurückzukommen: Sämlinge der Sorte 'Finsteraarhorn' können durchaus Ähnlichkeit mit der Mutterpflanze haben. Aber eine Garantie für Gesundheit und Standfestigkeit bekommen

Sie bei Sämlingen nicht. Darum gilt generell: Die Echtheit von Zuchtsorten und Zuchtformen wird nur durch vegetative Vermehrung garantiert.

? Mir gefallen Akeleien, die sich selbst aussäen und überall im Garten verbreiten. Können Sie mir noch mehr solcher Pflanzen nennen?

Wenn Ihnen Akelei gefällt, mögen Sie bestimmt auch die Hohe Glockenblume (*Campanula persicifolia*). Es gibt sie in Weiß und Blau. Verteilen Sie einige Exemplare in Ihrem Garten – der Rest geht dann ganz von allein. Innerhalb kurzer Zeit wandern die Glockenblumen durch den ganzen Garten. Sie sind nicht wählerisch, wachsen in der Sonne und im Halbschatten. Besonders gefällt es ihnen in sandigen Böden. Aber auch Bart-Nelke (*Dianthus barbatus*), Goldmohn, Jungfer im Grünen (*Nigella damascena*), Ringelblume (*Calendula officinalis*) und Vergissmeinnicht gehören zu den charmanten Vagabunden.

? So sehr ich den Zierlauch liebe – die gelben Blätter stören mich. Gibt es Abhilfe?

Pflanzen Sie neben den Zierlauch höhere Stauden, die mit ihrem Laub die gelben Blätter kaschieren. Geeignete Partner sind z. B. Blaustrahlhafer, Hohe Schafgarbe (*Achillea filipendulina*) und Steppen-Salbei. Diese Pflanzen passen nicht nur optisch sehr gut zum Zierlauch, sie haben auch die gleichen Standortansprüche: volle Sonne und einen durchlässigen, mageren Boden.

2

Garten-praxis

Mit Gartenblumen gestalten

Ein farbenfrohes Beet mit Gartenblumen unterschiedlicher Gestalt macht den Garten interessant und schön. Harmonie und Kontrast – das sind die Schlüsselwörter für attraktive Pflanzungen. Gestalten mit Gartenblumen heißt: spielen mit Farbe, Form und Struktur der Pflanzen.

Gartenblumen bieten eine außerordentliche Vielfalt an Farben, Formen und Strukturen. Oft werden die Pflanzen nur nach der Farbe der Blüte ausgewählt. Eine wichtige Rolle spielen aber auch die Farbe und Struktur der Blätter und die Wuchsform der Pflanzen.

Freude an Farben

Farben sind Geschmackssache. Der eine liebt kräftige Töne, der andere mag es eher pastellig. Dennoch gibt es einige grundlegende Regeln beim Einsatz von Farben (→ Seite 32/33), die Sie beachten sollten. Aber nicht nur die Farbe der Blüten, auch die der Blätter kann gezielt eingesetzt werden, denn es gibt nicht nur Blätter in verschiedenen Grüntönen, Gartenblumen schmücken sich auch mit silberfarbenen, roten oder gelben Blättern.

Form und Struktur

Stauden blühen nur wenige Wochen im Jahr. Viel länger wirken die Struktur ihrer Blätter und ihre Wuchsform (→ Seite 34/35). Eine Mischung aus kleinlaubigen und großblättrigen, hohen und niedrigen Stauden macht ein Beet ganzjährig zum Hingucker. Kompakte Polster finden perfekte Partner in weit ausschwingenden Gräsern. Auch bei Sommerblumen finden wir immer mehr Arten, deren Zierwert in erster Linie die Wuchsform sowie Farbe und Struktur der Blätter ausmacht.

Gut verteilt

Die Gliederung eines Blumenbeetes (→ Seite 36/37) ist für das Gelingen einer Pflanzung von entscheidender Bedeutung. Die Kombination verschiedener Gartenblumen und ihre Verteilung im Beet machen neben Farbe und Form den Reiz einer Pflanzenkomposition aus. Hohe, stattliche Solitärpflanzen, so genannte Leitstauden, mit schönem Laub und reizvollen Blüten geben den Ton an. Zugesellt werden ihnen, rhythmisch über das Beet verteilt, Gruppen niedriger Begleitpflanzen und lückenfüllender Bodendecker.

Eine gute Komposition aus verschiedenen Wuchsformen und zueinanderpassenden Farben macht jedes Beet zum Hingucker.

Vom Spiel der Farben und ihrer Wirkung

Gartenblumen wirken auf uns am stärksten durch ihre Farbe. Kräftig bunte Blütenfarben oder zarte Töne in Pastell, grünes oder silbriges Laub: Mischen Sie sich Farben im Beet ganz nach Ihrem Geschmack.

Über Geschmack lässt sich nicht streiten. Ein monochromes, also einfarbiges Beet in Weiß, aufgelockert durch das Grün und Silber der Blätter, oder eine vielfarbige Komposition aus Rot, Gelb und Orange mit ein paar Tupfern Pink – erlaubt ist, was gefällt. Ein »Richtig« oder »Falsch« gibt es nicht. Achten Sie aber unbedingt auf die Blütezeit der Stauden und Blumenzwiebeln, damit die gewünschten Farben auch gleichzeitig erblühen.

Der Farbkreis hilft

Der Farbkreis wiederholt die Farben des Regenbogens. Aus den Grundfarben Blau, Rot und Gelb wird Violett, Orange und Grün gemischt. Mischt man die reinen Farben mit Weiß, entstehen Pastelltöne wie Rosa oder Hellblau.
- Die Farben, die sich im Kreis gegenüberstehen, bezeichnet man als Komplementärfarben. Rot und Grün, Gelb und Violett, Blau und Orange bilden starke, lebhafte, aufregende **Kontraste**, die sich gegenseitig in ihrer Leuchtkraft steigern. Ein gutes Beispiel bietet der tiefviolette Steppen-Salbei in Kombination mit der reingelben Schafgarbe.
- Harmonische **Farbverläufe** entstehen, wenn Sie nebeneinanderliegende Farbtöne kombinieren, z. B. Taglilien in hellem Gelb und Gelborange mit grüngelbem Frauenmantel (*Alchemilla mollis*). Ein paar

Tupfer blauen Storchschnabels (*Geranium* x *magnificum*) oder Dahlien in verschiedenen Rot-, Orange- und Gelbtönen als Kontrast runden das Ganze ab. Probieren Sie mithilfe des Farbkreises einfach einmal aus, welche Kombinationen Ihnen am besten gefallen.

Weiß wirkt Wunder

Weiß kommt im Farbkreis nicht vor, weil es keine Farbe ist. Trotzdem ist Weiß ein ganz wichtiger Farbton im Garten.
- Weiß hellt schattige Ecken auf. In der Abenddämmerung beginnen weiße Blüten zu leuchten. Sie bleiben so lange noch erkennbar, bis das letzte Licht verschwunden ist.
- Blütenbilder in Rot, Blau und Violett wirken leicht düster. Ein kräftiger Schuss Weiß wirkt Wunder und macht die Pflanzung hell und duftig.
- Weiße Blütengruppen können auch Farben trennen, die sich »beißen«.
- Und schließlich lässt sich Weiß wunderbar kombinieren. In kunterbunten Sommerblumenbeeten verbinden weiße Blüten die ganze Farbenpracht zu einer Einheit.

Farbe und Licht

Unter der sengenden südlichen Sonne verblassen zarte Pastelltöne, wirken verwaschen und fade. Je intensiver das einfallende Licht ist, umso kräftiger sollten daher die Farben sein, damit man sie gut wahrnimmt. Bestes Beispiel sind die leuchtend roten Topgeranien der Mittelmeerländer – in nördli-

In dieser Pflanzung bilden die roten Blüten einen lebhaften Kontrast zu den grünen Blättern.

Auf dem Farbkreis ist das ganze Spektrum der Farben übersichtlich angeordnet – das erleichtert das Kombinieren.

erzielen. Silber vermittelt ähnlich wie Weiß zwischen starken Farbkontrasten. Zusammen mit Blau und Weiß entstehen elegante, aufhellende Farbwirkungen. Denken Sie jedoch daran: Silberlaubige Pflanzen sind sonnenhungrig, im Schatten vergrünen die Blätter.

Die Farbwirkung

Jede Farbe für sich hat eine bestimmte Wirkung auf das Auge des Betrachters.

▪ Blau, Violett, blaustichiges Rot und Grüngelb sind »kalte« Farben. Sie lassen sich gut kombinieren, wirken auf uns kühl und entspannend und erweitern Gartenräume optisch.

▪ »Warme« Farben wie Zinnoberrot, Gelb, Orange und Gelbgrün wirken belebend und drängen nach vorne. Besonders laut und aufregend ist Rot – Vorsicht! Orange leuchtet und glüht, am stärksten in Verbindung mit graulaubigen Pflanzen. Gelb ist die leuchtendste aller Farben, stimmt uns heiter und lässt uns an die Sonne denken. Helles Gelb lässt sich mit vielen Farbtönen wirkungsvoll kombinieren.

chen Regionen wirken diese Pflanzen unter Umständen zu grell. Dagegen leuchten Pastellfarben im weichen Licht und der feuchten Luft erst richtig.

Weniger ist mehr!

In kleinen Gärten wirken zu viele Farben auf einem Fleck schnell unruhig. Wenn Sie viel Farben im Garten haben wollen, dann sollten Sie sie auf verschiedene Beete oder Gartenbereiche verteilen. Bei Sommerblumenbeeten dürfen Sie mit den Farben etwas dicker auftragen. Dann sollte aber die umgebende Pflanzung einen überwiegend grünen Rahmen bilden.

Die Farbe der Blätter

Richten Sie sich bei der Farbauswahl nicht nur nach den Blüten. Die Farbe der Blätter

ist für den Gesamteindruck genauso wichtig, besteht sie doch über einen viel längeren Zeitraum hinweg.

Allein Grün ist nicht gleich Grün. Die Palette reicht von Dunkel- über Blau- bis hin zu Gelbgrün. Manche Pflanzen schmücken sich auch mit rötlichen Blättern und spielen sich so in den Vordergrund. Besondere Effekte können Sie auch mit silberlaubigen Pflanzen

Tipp

BEOBACHTEN SIE IHRE PFLANZUNG

Wenn Ihnen die Farbzusammenstellung im Beet nicht auf Anhieb gelingt, ist das kein Beinbruch. Das passiert auch den Profis. Fotografieren Sie Ihr Beet während des Gartenjahres in regelmäßigen Abständen. Zur Pflanzzeit im Herbst oder Frühjahr können Sie dann anhand Ihrer Fotos entscheiden, wo Sie korrigierend eingreifen wollen.

Wuchs- und Blattformen gekonnt einsetzen

Unterschiedliche Wuchs- und Blattformen erzeugen Spannung und bringen eine Pflanzung in ein optisches Gleichgewicht. Pflanzen Sie nach dem Grundsatz: Gegensätze ziehen sich an.

Wuchsform sowie Form und Struktur der Blätter prägen den optischen Eindruck einer Pflanzung – mehr und länger, als es die Farbe der Blüten könnte. Der Effekt verstärkt sich noch, wenn sich die Wuchsformen im Beet rhythmisch wiederholen.

Wuchs und Wirkung

Je nachdem, welche Wuchsform Sie auswählen, können Sie auffällige Akzente setzen, Bewegung ins Beet bringen oder die Pflanzung beruhigen.
- Aufstrebende, vertikale Formen wie hohe Blütenkerzen (Prärielilie, Rittersporn) ziehen die Aufmerksamkeit auf sich, wirken dynamisch und kraftvoll. Diese Wuchsform überragt andere, braucht freien Raum um sich und ist deshalb für eine Leitfunktion im Beet gut geeignet. Eine Kombination mit flachen Blütenschirmen und schwingenden Blütenständen steigert die Wirkung.
- Kugelige und halbkugelige niedrige Wuchsformen (Lavendel) werden als ruhig und statisch wahrgenommen. Kugelige Blüten (Zierlauch) ziehen den Blick auf sich und leiten ihn über die Beetpflanzung.
- Ausschwingende Stauden mit übergeneigten Trieben und Blütenständen bringen optische Bewegung ins Beet und sind das Gegenstück zur ruhigen Kugel. Sie wirken elegant und brauchen Platz, in den sie schwingen können.
- Niederliegende Polster schmiegen sich an, sind entspannt und ruhig. Gute Partner dazu sind ausschwingende Stauden wie Gräser.
- Flache Blütenteller (Schafgarbe, Schmuckkörbchen) fallen sofort ins Auge. Sie wirken behäbig und bringen Ruhe in eine Pflanzung. Ideale Partner sind Gartenblumen mit filigranen oder kerzenartig aufstrebenden Blütenständen.
Für die Freifläche lassen sich z. B. Zierlauch, Steppen-Salbei, Steppenkerze, Blaustrahlhafer und Fetthenne gut kombinieren. Die violetten Blüten des Zierlauchs schweben wie Kugeln über dem Beet. Einen schönen Kontrast dazu bilden die straffen, dynamischen Blü-

So schön kann die Kombination unterschiedlicher Blattformen und -größen aussehen.

*Wie Raketen starten die Blüten-
stände der Steppenkerze aus dem
Blattgrün in den Himmel.*

tenkerzen von Steppen-Salbei
und Steppenkerze. Die schwingenden Blüten des Blaustrahl-
hafers bringen Bewegung in
die Pflanzung. Für Ruhe sorgen die flachen, behäbigen Blütenteller der Hohen Fetthenne.

Schmückende Blätter

Neben der Blüte und der cha-
rakteristischen Wuchsform ist
aber auch das Laub einer Staude für die Beetgestaltung von
Bedeutung. Gerade bei Stauden mit relativ kurzer Blütezeit
sollten Sie Ihr Augenmerk daher auf das Laub richten.
Da gibt es spitze (Yucca), bors-
tige (Edeldisteln) und zarte,
feingliedrige (Wiesenraute)
Blätter. Den Kontrast dazu bilden großflächige (Schildblatt)
und grob gesägte (Zier-Rha-
barber) Blätter. Gräser (Blauschwingel, Japan-Segge) sind
oft schon durch ihre schmalen
Halme auch ohne Blüte attraktiv. Nicht zu vergessen, dass

sich manche Blätter (Blut-
Storchschnabel, Gold-Wolfsmilch) im Herbst leuchtend
bunt färben. Und dann gibt es
ja noch die Blattschmuckstauden, die die gesamte Vegetati-
onsperiode hindurch mit
attraktivem Laub aufwarten.

Schattenliebende Blatt-
schmuckstauden

Blattschmuckstauden, die den
Schatten lieben, sind leicht an
ihren großen Blättern zu erkennen. So stehen die großen,
geteilten Blätter des Bronze-
Schaublatts in schönem Kontrast zu gefiederten Farnwe-
deln. Große, breite Funkien-
blätter geben der Pflanzung
optischen Halt und sorgen für
Ruhe. Weitere Akzente setzen
die wohlgeformten Blätter der
Japan-Anemone und der El-
fenblume. Bergenien und Ha-
selwurz (*Asarum europaeum*)
wirken besonders schön durch
ihre glänzende Blattoberfläche.

Sonnenliebende Blatt-
schmuckstauden

Stauden des Lebensbereiches
Freifläche sind durch ihre Belaubung an die starke Sonneneinstrahlung angepasst:

- Die Blattfläche ist klein und
schmal (Steinquendel, Stau-
den-Lein), um so die Verdunstung zu reduzieren.
- Manche Blätter sind durch
Behaarung (Salbei, Wolliger
Ziest, Berg-Minze) oder eine
Wachsschicht vor Austrock-
nung geschützt.
- Und wieder andere besitzen
dickfleischige Blätter (Fetthenne, Walzen-Wolfsmilch), in
denen sie Wasser speichern.

Winterzauber im Beet

Ein Staudenbeet kann bei entsprechender Bepflanzung auch
in der vierten Jahreszeit sehr
attraktiv aussehen. Eine tra-
gende Rolle spielen die Gräser.
Das Lampenputzergras z. B.,
überzuckert von Raureifkristal-
len in der hellen Wintersonne,
ist ein unvergesslicher Anblick.
Manche Stauden bereichern
mit ihren Samenständen das
Bild. Besonders schön wirken
z. B. die flachen Samenteller
von Hoher Fetthenne und
Schafgarbe zusammen mit den
braunen Kerzen der Berg-Minze. Abgerundet wird das zauberhafte Winterbild dann noch
durch immergrüne Stauden.

Tipp

EIN UNENTBEHRLICHER BEGLEITER: BUCHS

Pflanzen Sie Buchs in die Beete. Das dunkelgrüne, glänzende Laub und die kompakte, rundliche Form stehen
allen Gartenblumen gut. Als niedrige Beethecke hält er
zudem vielfältige Blatt- und Blütenformen optisch zusammen. Nicht zu vergessen seine immergrünen Blätter, die
auch die kalte Jahreszeit überdauern.

Ordnung muss sein – auch im Blumenbeet

Ohne eine gewisse Rangfolge im Beet geht es nicht. Nur wenn ganz klar ersichtlich wird, wer der Chef ist und wer sich unterzuordnen hat, wirkt eine Pflanzung gekonnt und optisch ansprechend.

Natürlich können Sie sich bei der Pflanzenauswahl für Ihr Blumenbeet auf eine einzige Art beschränken. Das ist sinnvoll, wenn Sie ein Gehölz mit einem pflegeleichten Bodendecker unterpflanzen wollen. Auch ein Teppichbeet ausschließlich aus Stiefmütterchen ist denkbar. In den meisten Fällen stellt aber eine gemischte Pflanzung aus hohen und niedrigen Gartenblumen die beste Lösung dar. Das gilt für die einjährige Gestaltung mit Sommerblumen, mehr aber noch für die dauerhafte Bepflanzung mit Stauden.

Hier übernimmt das imposante Chinaschilf die Leitfunktion im Beet.

Staudenbeete

Optisch ansprechende Beete mit mehrjährigen Pflanzen gehorchen gewissen Ordnungsregeln: Sie sind klar gegliedert, übersichtlich und in ihrer Artenzahl begrenzt.

Hierarchie im Beet

Eine Rangordnung zwischen den Pflanzen im Staudenbeet sollte klar erkennbar sein:
- Die Führung übernehmen so genannte **Leitstauden**. Sie ziehen durch ihre Höhe, Gestalt oder Blütenfülle den Blick des Betrachters sofort auf sich. Leitstauden stehen – einzeln oder in Gruppen von zwei bis drei Pflanzen – über das Beet verteilt. Wie ein roter Faden, an dem sich der Betrachter orientieren kann.
- Ihnen zugeordnet werden verschiedene Arten niedrigerer **Begleitstauden**. Sie sollen sich klar unterordnen und dabei in Farbe und Form die Wirkung der Leitpflanzen noch unterstreichen. Begleitstauden werden grundsätzlich in Trupps zu mehreren gepflanzt und in unregelmäßigen Abständen über die Fläche verteilt.
- In Wildstaudenpflanzungen können Sie nun die Lücken noch mit niedrigen **bodendeckenden Stauden** füllen, dem Fußvolk sozusagen. Es sind allerdings größere Stückzahlen nötig, um eine flächige Wirkung zu erzielen. Zwischen Prachtstauden sollten Sie auf stark wachsende Bodendecker verzichten. Sie wollen offenen Boden um sich herum und fühlen sich dann bedrängt.

In diesem Sommerblumenbeet ziehen die weißen Blütenköpfe der Margerite die Blicke auf sich.

sommer- und Herbstblüher, deren Schönheit im Hintergrund oft gar nicht zur Geltung kommt.

Sommerblumenbeete

Auch mit reinen Sommerblumen können Sie wunderschöne Beete gestalten, wenn Sie auch hier nach dem Prinzip »Leitpflanze – Begleitpflanze – Bodendecker« verfahren und kein Sammelsurium pflanzen.
■ Als Solitärpflanze bestens geeignet sind Spinnenblumen (*Cleome spinosa*) oder das Rote Lampenputzergras (*Pennisetum setaceum* 'Rubrum').
■ Passende Begleiter sind Salbei und einjähriger Sonnenhut.
■ Als Bodendecker kommen Duftsteinrich, Lobelien und niedrige Verbenen infrage. Schleier-Eisenkraut – locker eingestreut – setzt mit seinen straffen violetten Blütenständen besondere Akzente. Sommerblumenbeete haben den Vorteil, dass Sie jedes Jahr immer wieder etwas Neues ausprobieren können.

Hoch und niedrig

Sie können bei einer Rabatte so verfahren, dass Sie die hohen Pflanzen in den Hintergrund, die mittelhohen und niedrigen mehr nach vorne pflanzen. Achten Sie aber darauf, dieses Prinzip immer wieder zu durchbrechen, sonst sieht das Beet schnell langweilig aus. Lassen Sie deshalb höhere, aufrechte Stauden immer wieder mal in den Vordergrund treten und Gruppen niedriger Pflanzen dafür auch mal in die Beetmitte hineinwachsen.
Bei einem runden Beet im Rasen sollten die höchsten Pflanzen in der Mitte stehen.

Vorder- oder Hintergrund?

Die Versuchung ist groß, Frühlingsblüher in den Vordergrund des Beetes zu pflanzen, damit man sie auch ja gut sieht. Man sieht sie allerdings auch dann noch gut, wenn sie nach der Blüte unansehnlich werden oder gar ganz einziehen und eine Lücke hinterlassen. Widerstehen Sie also der

Versuchung und setzen Gemswurz, Veilchen und Lungenkraut (*Pulmonaria angustifolia*) eher in den Hintergrund. Das gilt übrigens auch für manchen Frühsommerblüher wie Tränendes Herz oder Türkenmohn, die ebenfalls nach der Blüte einziehen. Sie sollten aus diesem Grund auch nur vereinzelt gepflanzt werden.
In den vorderen Beetbereich gehören die Stauden, deren Blattwerk auch noch nach der Blüte adrett aussieht, sowie niedrige und mittelhohe Spät-

KLARE REGELN IM BLUMENBEET

Für das Verhältnis Leitstauden zu Begleitpflanzen und Bodendeckern gibt es eine einfache Faustregel:
■ Ca 10 % der Pflanzen im Beet sollten Leitstauden sein.
■ Ca. 40 % aller Pflanzen sind Begleitstauden in unterschiedlichen Höhen.
■ Ca. 50 % bestehen aus niedrigen Bodendeckern.
■ Zwiebelblumen brauchen kaum Platz. Sie werden deshalb auch nicht mitgezählt.

> FRAGE & ANTWORT

Expertentipps rund um die Gestaltung

Jeder Garten bietet eine Fülle schöner Gestaltungsmöglichkeiten. Lieben Sie es natürlich und schauen den wilden Blumen gerne beim Wachsen zu? Oder möchten Sie bunte Sträuße in Vasen verteilen? Mögen Sie Sommerblumen, oder wollten Sie schon immer einen Steingarten bauen?

? Ich möchte ein Beet mit Stauden bepflanzen, die sich lange in der Vase halten. Welche Arten können Sie mir da empfehlen?

Eine schöne Idee. Ich schneide auch gerne Blütenstauden für die Vase. Besonders haltbar sind gefüllte Pfingstrosen. Sie verströmen zudem einen sehr guten Duft. Darin werden sie noch von Lilien übertroffen, die sich auch recht lange in der Vase halten. Viele Korbblütler wie Astern, Margeriten, Feinstrahl-Astern, Gemswurz und Sonnenhut sind bestens geeignet. Über Wochen sogar bleiben die Blüten der gelben Sonnenbraut frisch, wenn Sie Abgeblühtes gleich herausschneiden. Denken Sie auch daran, ein paar Gräser in Ihr Beet zu pflanzen. Gräserblüten lockern einen Strauß schön auf. Und die Blätter und Blüten des Frauenmantels eignen sich hervorragend zum Kombinieren mit bunten Blüten (Achtung: Frauenmantel samt sich stark aus!).

Großblumige Tulpen und Narzissen sollten nicht fehlen. In die Lücken zwischen den Stauden können Sie Levkojen pflanzen, eine wunderbar altmodische Sommerblume, deren Blüten in der Vase herrlich duften.
Schneiden Sie die Blumen am besten morgens, wenn es noch kühl draußen ist. Die Knospen sollten bereits ordentlich Farbe zeigen. Entfernen Sie die unteren Blätter, schneiden Sie die Stiele noch mal an, und ganz wichtig: Füllen Sie die Vase höchstens zur Hälfte mit Wasser. Dann halten die Blumen nach meiner Erfahrung viel länger. Wechseln Sie das Wasser möglichst täglich und achten darauf, dass die Stiele immer im Wasser stehen.

? Mein Garten ist naturbelassen angelegt. Welche Sommerblumen passen denn dazu?

Ich vermute, dass es einjährige Blumen sein sollen, die mit möglichst wenig Pflege zurechtkom-

men. Anspruchsvolle Zuchtsorten, die gedüngt, gewässert, aufgebunden und geschnitten werden müssen, passen nicht in einen Garten nach dem Vorbild der Natur. Üppige, gefüllte Blüten in knalligen Farben wirken in diesem Rahmen eher aufdringlich und deplatziert. Das ist aber noch lange kein Grund, auf einjährige Gartenblumen zu verzichten. Eine ganze Reihe von Sommerblumen hat sich ihren natürlichen Charme bewahrt und kommt mit einem Minimum an Pflege aus.
Argentinisches Eisenkraut, Duftsteinrich, Jungfer im Grünen (*Nigella damascena*), Kalifornischer Mohn und Zwerg-Feinstrahl fügen sich ganz selbstverständlich in natürliche Gartenbilder ein. Einmal ausgesät oder gepflanzt, vagabundieren sie ganz ohne Ihr Zutun durch die Beete und bezaubern durch ihren natürlichen Charme. Eisenkraut und Mohn gedeihen übrigens prächtig an sonnigen, heißen und trockenen Ecken im Garten. Wenn es doch etwas

bunter sein soll, empfehle ich Ihnen Kosmeen. Ihre anmutigen Blüten in Weiß, Rosa und Rot und das hellgrüne, feingefiederte Laub passen ausgezeichnet in einen naturnahen Garten.

? **Da wir beide berufstätig sind, nutzen mein Mann und ich unseren Sitzplatz überwiegend abends. Welche Blumen duften denn abends?**

An erster Stelle sind da natürlich – abgesehen von Duftrosen – die Lilien zu nennen. Ihr schwerer Duft strömt in lauen Sommernächten durch den ganzen Garten. Bei einigen Taglilien-Arten, z. B. *Hemerocallis citrina,* bleiben die Blüten auch in der Nacht geöffnet und riechen wie Parfüm. Nach Veilchen duftet die Nachtviole (*Hesperis matronalis*), nach Vanille die Sonnenwende, auch Vanilleblume (*Heliotropium arborescens*) genannt. In den frühen Abendstunden können Sie aber auch noch den Duft von Levkojen, Pfingst-Nelken und Wicken (*Lathyrus odoratus*) wahrnehmen.
Was Sie anpflanzen, hängt natürlich von der Lage Ihres Sitzplatzes und den Bodengegebenheiten ab. Zur Not können Sie die Duftpflanzen aber auch im Kübel halten.

? **Ich habe ein Beet neu angelegt. Es hat volle Sonne, und es soll immer etwas blühen. Was empfehlen Sie mir?**

Nach meiner Erfahrung zeichnet sich ein gut angelegtes Beet nicht dadurch aus, dass immer und überall etwas blüht. Anstelle monatelanger Blütenpracht entsteht oft ein unbefriedigendes Neben-

einander von vereinzelten Farbklecksen und Blütentupfern. Überlegen Sie, zu welchen Zeiten das Beet besonders attraktiv sein soll. Welche Gartenblumen an diesem Standort gut gedeihen und welche Farbkombinationen Ihnen gut gefallen. Und dann setzen Sie Schwerpunkte. Kombinieren Sie Pflanzen, die zur gleichen Zeit blühen und sich in ihrer Wirkung steigern. Danach darf dann ruhig eine Pause sein. Umso mehr freut man sich auf den nächsten Blütenhöhepunkt.
Achten Sie bei der Auswahl der Pflanzen auf schöne Blatt- und Wuchsformen auch außerhalb der Blütezeit. Dann sieht das Beet auch attraktiv aus, wenn gerade mal nichts blüht. Und noch ein Tipp: Blumenzwiebeln verlängern die Blütezeit im Beet, ohne den anderen Pflanzen Platz wegzunehmen. Richten Sie Ihr Augenmerk besonders auf diese Pflanzengruppe, wenn nur beschränkte Fläche zur Verfügung steht.

? **Unser Vorgarten (Südseite) sieht im Winter trostlos aus. Kennen Sie einen Tipp, wie man ihn schöner gestalten kann?**

Ein Vorgarten kann auch in der vierten Jahreszeit attraktiv aussehen. Im Winter treten Formen und Strukturen besonders stark hervor. Wählen Sie also Stauden mit auffallenden Wuchsformen, immergrünem Laub oder schönen, den Winter überdauernden Samenständen oder Fruchtschmuck aus. Auch sehr viele Gräser, z. B. Blauschwingel (*Festuca cinerea*), Chinaschilf oder Lampenputzergras, laufen im Winter – vor allem bei Raureif – zu großer Form auf.

Abgerundet wird das zauberhafte Winterbild durch immergrüne Stauden. Das graugrüne Laub von Lavendel passt genauso ins Bild wie die dunkelgrünen Polster der Schleifenblume, die breiten glänzenden Blätter immergrüner Bergenien-Sorten und der dunkelgrüne Gartengamander (*Teucrium* x *lucidrys*). Und dann können Sie ja immer noch Schalen mit winterharten Heidekraut-Sorten und Tannenzweigen aufstellen.

? **Ich habe einen Steingarten gebaut und möchte ihn mit Stauden bepflanzen. Worauf muss ich achten, damit die Gestaltung auch gut gelingt?**

Die meisten Stauden für den Steingarten stammen aus alpinen Regionen der Erde. Mit ihrem gedrungenen, polsterartigen Wuchs und meist schmaler, fast nadelartiger Belaubung haben sie sich an die extremen Bedingungen ihrer Heimat angepasst. Die kleinen, oftmals leuchtenden Blüten sind von besonderem Reiz und geben, miteinander kombiniert, immer ein schönes Bild ab – da können Sie kaum etwas falsch machen. Kleine Nadelgehölze wie die breite Zwergform der Korea-Tanne (*Abies koreana* 'Fliegende Untertasse'), niedrige Berg-Kiefern (*Pinus mugo* 'Gnom') oder Kriech-Wacholder (*Juniperus procumbens* 'Nana') geben dem Steingarten ein dauerhaftes Gerüst. Blauschwingel-Horste lockern die Pflanzung auf. Verwenden Sie keinen Kompost, Humus oder Dünger, sondern nur mineralische nährstoffarme Substrate – dann behalten Ihre Steingartenstauden ihre kompakte attraktive Form.

So legen Sie ein Blumenbeet an

Gartenblumen zu pflanzen gehört zu den erfreulichsten Arbeiten im Garten. Bereits der Einkauf im Gartenmarkt macht Spaß. Wenn Standort und Boden stimmen und Sie beim Pflanzen alles richtig gemacht haben, können Sie zufrieden zuschauen, wie die Blumen wachsen und gedeihen.

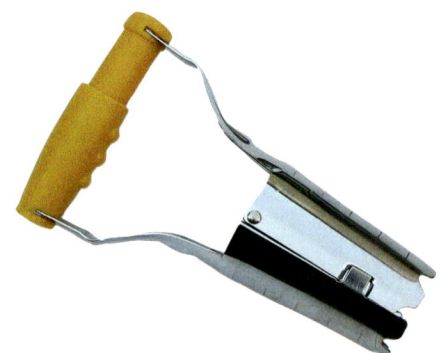

Egal, ob Sie ein Kiesbeet anlegen, eine Trockenmauer bauen oder ein Beet mit Sommerblumen ansäen – arbeiten Sie nach der bewährten Gärtnerweisheit: »Erst denken, dann arbeiten«, d. h., bereiten Sie die vorgesehenen Arbeiten erst einmal sorgfältig vor.

Boden gut, alles gut

Bevor Sie mit der Pflanzarbeit beginnen, schenken Sie erst dem Boden Ihre Aufmerksamkeit. Ein guter Boden ist das A und O für gesunde, schöne Pflanzen (→ Seite 44/45).

Der richtige Zeitpunkt

Wann wollen Sie Ihr Blumenbeet in Angriff nehmen?
- Sommerblumen und Zwiebel- und Knollenpflanzen haben ganz bestimmte Saat- bzw. Pflanzzeiten, die Sie auch einhalten sollten.
- Achten Sie einige Tage vor dem geplanten Pflanzen auf den Wetterbericht: Regenwetter, starke Sonneneinstrahlung oder gar Frost sind zum Pflanzen nicht geeignet.
- Überprüfen Sie Ihren Terminkalender, und planen Sie genügend Zeit ein, damit Sie Ihre Arbeit nicht ständig unterbrechen müssen.
- Sorgen Sie dafür, dass Sie das nötige Material rechtzeitig am Arbeitsplatz haben. Informieren Sie sich in den folgenden Kapiteln, was Sie alles brauchen, und stellen Sie eine Einkaufsliste zusammen. Das gilt insbesondere für die Pflanzen. Eine Bezugsquelle für Stauden, Sommerblumen und Zwiebeln ist oft gar nicht so leicht zu finden. Suchen Sie auch im Internet. Viele gute Fachbetriebe nutzen diese Vertriebsart und versenden auf dem Postweg.

Gutes Werkzeug

Ein ganz persönlicher Rat: Nichts ist bei der Gartenarbeit so wichtig wie gutes Werkzeug – schlechtes Werkzeug verdirbt schnell den Spaß. Inspizieren Sie also Ihren Gerätebestand (→ Seite 42/43) gründlich, und legen Sie vor allem bei häufiger genutzten Gartengeräten wie Spaten oder Gartenschere Wert auf gute Qualität – auch wenn das an den Geldbeutel geht.

> *Der Boden ist gut vorbereitet. Werkzeug und Pflanzen stehen bereit. Jetzt kann's losgehen.*

DEN BODEN BEARBEITEN 〉

1 Schaufel: verteilt Erde, Sand und Kies im Beet

2 Krail: Universalwerkzeug zur Bekämpfung von Wurzelunkräutern und zum Lockern der Erde

3 Holzrechen: planiert und glättet die Erde im Aussaatbeet

4 Hacke: hackt das Unkraut oberflächlich ab

5 Spaten: zum Umgraben, Ein- und Umpflanzen, Abstechen von Beetkanten

6 Grabegabel: lockert den Boden auf und belüftet ihn

Das richtige Werkzeug

〈 GARTENBLUMEN PFLANZEN

1 Handschaufel: zum Graben von Pflanzlöchern für die Topfballen

2 ausgedientes Messer: zum Lockern verfilzter Wurzelballen und Entfernen abgestorbener Pflanzenteile

3 Zwiebelpflanzer: zum Einsetzen von Blumenzwiebeln in den Rasen

4 Eimer: zum Tauchen der Topfballen und zum Transport von Kompost und Erde

5 Gießkanne: zum Gießen von Saaten (mit Tülle) und Pflanzbeeten (ohne Tülle)

6 Schubkarre: zum Transport diverser Gartenmaterialien

‹ **GARTENBLUMEN PFLEGEN**

1 Gartenschere: zum Zurückschneiden, Ausputzen und Entfernen welker, abgeblühter oder abgestorbener Pflanzenteile

2 Heckenschere: zum Stutzen von Halbsträuchern und zum einfachen Zurückschneiden größerer Stauden

3 Bindematerial: zum Aufbinden nicht standfester Gartenblumen

4 Distelstecher: zum leichteren Jäten von Tiefwurzlern wie Löwenzahn und Disteln

5 Stützstäbe: geben aufrecht wachsenden, hohen Blütenstielen und hohen Stauden den nötigen Halt

Gutes Werkzeug spart Arbeit und Zeit und schont die Nerven. Kaufen Sie lieber weniger, dafür aber hochwertige Geräte. Die Arbeit geht Ihnen dann viel leichter von der Hand.

⌄ GARTENBLUMEN VERMEHREN

Für Aussaat und Stecklingsanzucht ist eine Anzuchtschale (1) ideal. Mit dem Sieb (2) können Sie Erde oder Sand leicht verteilen. Aussaaterde lässt sich mit einer Maurerkelle (3) einfach glätten und andrücken. Angefeuchtet wird am besten mit der Sprühflasche (4). Ein scharfes Messer (5) dient dazu, Stecklinge zu schneiden, die Hippe (6), große Stauden zu teilen.

KOMPOST, KIES UND BENTONIT

… sind wertvolle Zuschlagstoffe für den Gartenboden. Kompost liefert Nährstoffe und Humus. Kies lockert und belüftet schwere Böden, während Bentonit magere Sandböden bindig und fruchtbar macht.

43

> PRAXIS

Der Boden – das A und O für gutes Gedeihen

Nehmen Sie sich Zeit für die Bodenbearbeitung. Die Mühe zahlt sich aus: Ein gut vorbereiteter Boden ist das beste Startkapital für gesundes Wachstum und ein Minimum an Pflege.

Zwei Dinge sollten Sie bei der Bodenvorbereitung besonders beachten:

- Die Pflanzfläche sollte vor der Bepflanzung frei von Wurzelunkräutern sein – die Arbeit wird Ihnen sonst in kurzer Zeit über den Kopf wachsen.
- Die Erde sollte locker und gut belüftet sein. Pflanzenwurzeln brauchen Luft zum Atmen, sonst kümmern sie und mit ihnen die ganze Pflanze. Es darf sich auch kein Wasser stauen, dass die Bodenluft verdrängt. Je lockerer der Boden ist, umso schneller können die Wurzeln mit ihren zarten Spitzen ins Erdreich vordringen.

Wurzelunkräuter entfernen

Wurzelunkräuter sind Unkräuter, die sich hauptsächlich durch unterirdische Ausläufer vermehren, wie Ackerschachtelhalm, Ackerwinde, Giersch und Quecke. Vor diesen Plagegeistern kann man gar nicht genug warnen. Wenden Sie äußerste Sorgfalt bei der Bekämpfung auf (→ Abb. 1). Nach meiner Erfahrung haben Sie am meisten Erfolg, wenn Sie die Pflanzen immer wieder abhacken, sobald sie den Kopf aus der Erde stecken. Schwarze Folie, auf die Unkräuter gelegt und mit Rindenmulch beschwert, zeigt gute Ergebnisse. Sie sollte aber mindestens ein Jahr lang liegen bleiben. Der Griff zur chemischen Keule ist wenig vielversprechend. Die Wurzelunkräuter sterben zwar zunächst ab, treiben aber nach einiger Zeit aus Wurzelresten wieder aus.

Den Boden lockern

Zunächst einmal sollten Sie feststellen, was für einen Gartenboden Sie haben. Eine einfache Fingerprobe (→ Abb. 2) gibt bereits Aufschluss über die Bodenart. Wer es ganz genau wissen will, der kann sich auch eine Bodenanalyse in einem dafür eingerichteten Fachlabor (→ Seite 126) erstellen lassen.

Schwere Lehm- und Tonböden

Schwere Lehm- und Tonböden kleben bei der Fingerprobe zusammen. Sie trocknen langsam, sind in nassem Zustand klebrig und verdichten schnell. Nach starken Niederschlägen besteht sehr schnell die Gefahr der für Pflanzenwurzeln gefährlichen Staunässe.

- Prüfen Sie zunächst, ob der Boden in tieferen Schichten verdichtet ist (→ Abb. 3). Das

---

Praxisinfo

TORF ALS BODENVERBESSERER?

Dass Torf den Boden verbessert, ist ein weit verbreiteter Irrtum. Eher ist das Gegenteil der Fall.

- Torf macht den Boden sauer – das mögen die meisten Gartenblumen nicht. Seine bodenlockernde und wasserspeichernde Wirkung hält nur kurze Zeit vor, weil er schnell abgebaut wird.

- Torf ist ein Naturprodukt, das langsam zur Neige geht. Ersetzen Sie Torf daher zum Schutz der natürlichen Vorkommen bei Bedarf durch Rindenhumus oder Kompost.

ist in der Regel der Fall, wenn bei Baumaßnahmen schwere Maschinen über den Boden gefahren sind. Ist der Boden stark verdichtet, dann sollten Sie den Unterboden maschinell auflockern lassen.

▪ Säen Sie in der ersten Saison erst einmal Gründüngerpflanzen ein (→ Abb. 4).

▪ Bei Lehm- und Tonböden ist es sinnvoll, nach guter alter Väter Sitte im Herbst umzugraben. Im Winter dringt der Frost in die Schollen ein und macht den Boden mürbe.

▪ Besonders in schweren Böden verbessern Steine die Durchlüftung und die Durchlässigkeit für Wasser. Mischen Sie also jede Menge groben Sand, Kies oder Schotter in schwere Böden. Sie verhindern damit, dass sich der zuvor mühsam gelockerte Boden schnell wieder verdichtet.

Arme Sandböden

Wenn Ihnen Ihr Boden zwischen den Fingern davonrieselt, haben Sie einen sandigen Boden. Das hat durchaus Vorteile: Ein Sandboden lässt sich leichter bearbeiten als schwerer Lehm. Er ist locker, gut belüftet und zeigt kaum Verdichtungen. Dafür trocknet er sehr schnell aus und hält auch die Nährstoffe schlecht.

▪ Wenn Sie nicht nur Blumen einsetzen wollen, die auf sandigen Böden gedeihen, dann arbeiten Sie Kompost und Tonmehl in Form von Bentonit ein. Beide Zusätze erhöhen die Speicherkapazität des Bodens für Nährstoffe und Wasser.

1

Wurzelunkräuter entfernen
In lockeren Böden können Sie Wurzelunkräuter mit der Grabegabel lockern und vorsichtig herausziehen. Damit Sie auch alle Wurzelreste erwischen, sollten Sie das Jäten mehrmals wiederholen.

2

Einfache Bodenprobe
Lehm- und Tonerde können Sie gut zwischen den Händen formen. Je glänzender die Oberfläche, desto höher der Tongehalt. Sandiger Boden fühlt sich rau an und lässt sich nicht formen.

3

Verdichteter Boden?
Heben Sie an mehreren Stellen ein ca. 40 cm tiefes Loch aus. Stechen Sie nun mit der Grabegabel in den Boden. Verdichteter Boden ist hart und riecht unangenehm.

Gründüngung aussäen
Gründüngerpflanzen wie Bienenfreund, Lupine oder Raps lockern den Boden mit ihrem tiefreichenden Wurzelwerk und unterdrücken aufkommendes Unkraut.

4

> PRAXIS

Gartenblumen fachgerecht pflanzen

Damit Ihre Gartenblumen schnell und sicher anwachsen, gibt es vom Einkauf über die passende Pflanzzeit bis hin zu den richtigen Pflanzabständen und Pflanztiefen ein paar Punkte zu bedenken.

Gartenblumen fachgerecht zu pflanzen, ist kein Hexenwerk, wenn Sie sich im Voraus über die Ansprüche der gewünschten Arten informieren und gute Qualität einkaufen.

Auf Qualität achten

Egal, ob Sie Stauden, Blumenzwiebeln oder Sommerblumen einkaufen: Achten Sie auf Qualität. Die gibt es meiner Erfahrung nach vor allem beim Fachhändler. Das ist die Staudengärtnerei, die gesunde, gut bewurzelte und abgehärtete Pflanzen aus eigener Anzucht für Sie bereithält. Hier bekommen Sie bewährte Sorten und zudem eine gute Beratung. Ähnliches gilt für den Kauf von Sommerblumen: Beet- und Balkonpflanzen aus Ihrer Zierpflanzengärtnerei sind kräftig und gesund und nicht wesentlich teurer als im Baumarkt. Schwierig wird es bei Blumenzwiebeln. Lassen Sie Blisterpackungen mit kleinen Zwiebeln in fragwürdigen Sorten lieber im Supermarkt hängen. Es gibt spezielle Versandhandlungen, die erstklassige Qualität anbieten (→ Seite 126). Bestellen Sie Blumenzwiebeln erst kurz vor dem Pflanzen, damit Sie sie nicht mehr allzu lange lagern müssen.

Die richtige Pflanzzeit

■ Stauden werden heute fast ausschließlich in Töpfen angeboten. Dadurch erstreckt sich die Pflanzzeit von März bis November. Nach meiner Erfahrung sind aber nach wie vor das Frühjahr und der Herbst zum Pflanzen zu bevorzugen. Während der Sommermonate müssen Sie eine Neupflanzung unter Umständen sehr oft gießen. Ich pflanze und teile Stauden sehr gerne im September, sie wachsen dann besonders gut an. Der Boden ist noch warm, und es bilden sich bis in den Dezember hinein noch genügend neue Wurzeln. Mit viel Kraft starten die jungen Pflanzen dann ins Frühjahr und überstehen auch erste Hitzeperioden besser als im Frühjahr gesetzte Stauden.
Generell gilt: In schwere, nasse und kalte Lehmböden nicht zu spät im Herbst und nicht zu zeitig im Frühjahr pflanzen.
■ Gräser und Farne, Japanische Anemonen, Berg-Astern und Fackellilien (*Kniphofia*) sollten Sie im Frühjahr pflanzen. Bei Herbstpflanzung besteht die Gefahr, dass sie den Winter schlecht überstehen.
■ Im Frühjahr blühende Blumenzwiebeln und winterharte Knollen wie Alpenveilchen kommen im Herbst bis spätestens Ende November in den Boden, damit die Zwiebeln noch anwurzeln.

Tipp

NEUPFLANZUNG IM AUGE BEHALTEN

Lassen Sie die Neupflanzung in den nächsten Wochen nicht aus den Augen:
■ Bei trockenem Wetter regelmäßig gießen.
■ Reste von Wurzelunkräutern sofort entfernen.
■ Auf Schnecken achten. Dahlien, Fleißige Lieschen, Rittersporn und Tagetes sind besonders gefährdet.

Vor dem Pflanzen gut wässern

Trockene Topfballen nehmen Gießwasser nur schwer an und vertrocknen unter Umständen. Tauchen Sie deshalb die Pflanzen samt Topf in einen Eimer mit Wasser, bis keine Luftblasen mehr aufsteigen.

1

Auslegen nach Skizze

Verteilen Sie Leitstauden, Begleitpflanzen und Bodendecker laut Skizze auf der vorgesehenen Pflanzfläche. Haben Sie sich das so vorgestellt? Stimmen die Pflanzabstände? Wo sind noch größere Lücken?

2

Pflanzen einsetzen

Sind Sie mit dem »Auslegebild« zufrieden, dann bereiten Sie die Pflanzlöcher vor und setzen die Pflanzen ein. Während Sie Erde anfüllen, halten Sie die Pflanze am besten fest, damit sie nicht zu tief ins Pflanzloch rutscht.

3

■ Herbstblühende Zwiebelblumen werden im August gepflanzt, damit Sie sich noch im gleichen Jahr an ihrer Blüte erfreuen können.

■ Kaiserkronen und Steppenkerzen sollten ebenfalls schon im Hochsommer gepflanzt werden, damit sie vor Frostbeginn gut eingewurzelt sind.

■ Bei einjährigen Sommerblumen, Dahlien und Gladiolen gilt die alte Gärtnerregel: »Erst nach den Eisheiligen pflanzen.« Das gilt umso mehr, je kälteempfindlicher die einzelnen Arten sind.

■ Zweijährige Sommerblumen werden im Juni/Juli ausgesät und die Jungpflanzen ab August an ihren endgültigen Platz gepflanzt. Allerdings brauchen Goldlack, Stiefmütterchen und Bart-Nelke einen Winterschutz gegen Kahlfröste.

Auf den Pflanzabstand achten

Sehr häufig werden Stauden viel zu dicht nebeneinandergepflanzt. Bereits nach 3–4 Jahren wird es dann eng im Beet. Eine exakte Aussage zum richtigen Pflanzabstand bei Stauden zu machen ist allerdings schwierig, weil sich die Pflanzen je nach Bodenart unterschiedlich entwickeln.

■ In nährstoffreichen, lehmigen Böden werden die Stauden größer und üppiger als in sandigen, mageren Böden. Pflanzen Sie daher in schwere Böden weniger Pflanzen pro m².

■ Stauden des Lebensbereiches Beet brauchen zum guten Gedeihen auch nach Jahren noch offenen Boden um sich herum. Nehmen Sie die folgenden Angaben als Anhaltspunkt: Rechnen Sie für **hohe Beetstauden** (ca. 80–100 cm Höhe) einen Pflanzabstand von mindestens 70 cm ein.

Für **mittelhohe Stauden** (ca. 40–60 cm Höhe) verwende ich 4–5 Pflanzen pro m².

Von **niedrigen Stauden** (ca. 20 cm Höhe) passen 5–7 auf einen m². Nach meiner Erfahrung reicht diese Menge auch für Bodendecker völlig aus.

Damit die Pflanzung im ersten Jahr nicht gar zu mickrig aussieht, können Sie einjährige Blumen in die Zwischenräume setzen (→ Seite 14/15). **Einjährige Sommerblumen** wachsen nur einen Sommer lang im Beet, sie dürfen deshalb ruhig etwas enger zusammenstehen. Ein Abstand von 30–40 cm ist für die meisten Einjährigen optimal; große Pflanzen, z. B. Spinnenblume oder Lampenputzergras brauchen mehr Platz. **Kleinblumige Zwiebelblumen** wie Schneeglöckchen können eng gepflanzt werden. Werfen Sie eine Handvoll Zwiebeln in die Luft und pflanzen Sie sie dort ein, wo sie hinfallen. **Großblumige Zwiebelblumen** wie z. B. Narzissen sollten Sie mit 15 cm Abstand in den Boden setzen, Zuchtsorten von Tulpen mit ca. 10 cm.

Die richtige Pflanztiefe

Beim Pflanzen kommt es auch noch auf die Pflanztiefe an:
- Stauden und Sommerblumen im Topf werden so gepflanzt, dass die Topfoberfläche auf gleicher Höhe wie die Bodenoberfläche ist.
- Blumenzwiebeln und Knollen bedeckt man ca. dreimal so hoch mit Erde, wie die Zwiebel bzw. Knolle hoch ist.
- Ausnahmen bestätigen aber auch hier die Regel: Kaiserkronen und Steppenkerzen kommen ca. 25 cm tief in die Erde, die Knollen der Alpenveilchen dagegen nur 2 cm und die der Madonnenlilie ca. 5 cm tief. Bei Dahlien sollen die neuen Austriebe ca. 5–8 cm unter der Erde liegen.

Gut seitlich andrücken
Damit der Wurzelballen Erdschluss bekommt und keine Luftlöcher entstehen, stechen Sie mit der Pflanzschaufel von mehreren Seiten in den Boden ein und drücken dann die Erde mit sanftem Druck an den Ballen.

Wurzelballen einschlämmen
Nach dem Pflanzen werden alle Pflanzen langsam und sorgfältig eingeschlämmt. Der weiche Strahl der Gießkanne spült die lockere Erde an den Topfballen. Dabei sollte sich die Pflanze höchstens um etwa 1 cm setzen.

Zwiebelblumen im Rasen
Stechen Sie mit dem Zwiebelpflanzer ein Stück Rasen aus und setzen Sie eine Zwiebel in der ihrer Größe entsprechenden Pflanztiefe in das Loch. Den abgestochenen Rasen wieder aufsetzen und gut festdrücken.

Skizzieren Sie die Pflanzfläche auf

Bevor ich eine Fläche bepflanze – egal ob mit Stauden oder Sommerblumen –, mache ich mir immer eine einfache Skizze. Im Maßstab 1:50 (1 cm auf der Skizze entspricht 50 cm im Beet) zeichne ich zunächst die Umrisse der Pflanzfläche ein. Dann trage ich zuerst die Leitpflanzen, dann die Begleiter und die Bodendecker (→ Seite 36/37) mit ihrem Platzbedarf ein. Anhand der Skizze kann ich nun eine Einkaufsliste der benötigten Pflanzen erstellen. Wenn Sie solch eine Pflanzskizze anlegen, vermeiden Sie grobe Planungsfehler, können Pflanzabstände festlegen und Leitstauden sowie Begleiter und Bodendecker gut verteilen.

Die Arbeit vorbereiten

Damit die Arbeit zügig vorangeht, sollten Sie die Pflanzarbeiten sorgfältig vorbereiten.
■ Warten Sie gutes Pflanzwetter ab. Bedeckter Himmel und kühle Temperaturen sind optimal. Hitze und Frost schaden den Pflanzen, Regen führt zu Verdichtungen im Boden.
■ Stellen Sie alles benötigte Werkzeug, Material (z. B. Sand) und natürlich die Pflanzen griffbereit an den Arbeitsplatz.
■ Wenn das Pflanzbeet recht groß ist, sollten Sie zuerst Trittplatten verlegen (→ Seite 51).
■ Legen Sie die Knollen von Anemonen, Lilien und Winterlingen vor dem Pflanzen erst ein paar Stunden zum Quellen

ins Wasser. Auch Topfpflanzen sollten Sie vor dem Einsetzen in den Boden gut wässern (→ Abb. 1, Seite 47).

Das Beet bepflanzen

■ Nehmen Sie Ihre Pflanzskizze, und legen Sie die gewässerten Topfpflanzen so auf dem Beet aus (→ Abb. 2, Seite 47), wie Sie es in Ihrer Skizze angegeben haben. Beginnen Sie mit den Leitpflanzen, dann die Begleiter, die Bodendecker und zum Schluss die Zwiebeln.
■ Pflanzen Sie von hinten nach vorn, dann treten Sie nicht auf bereits gepflanzte Blumen.
■ Heben Sie zunächst mit dem Handspaten das Pflanzloch in entsprechender Tiefe (→ Seite 47) aus. Es sollte ungefähr doppelt so groß wie der Topfballen sein.
■ Topfen Sie dann vorsichtig die Pflanzen aus. Schneiden Sie Wurzeln, die aus dem Topf herauswachsen, vorher ab, sonst löst sich der Topf nicht vom Ballen. Stark durchwurzelte Ballen mit einem scharfen Messer seitlich einritzen. Ringelwurzeln im unteren Bereich ganz wegschneiden. Entfernen Sie immer auch die oberste Bodenschicht – sie enthält oft Unkrautsamen.
■ Setzen Sie die Pflanze senkrecht ins Pflanzloch, und zwar so tief, dass die Topfoberfläche bündig mit der Erdoberfläche abschließt. Füllen Sie dann den Aushub schichtweise wieder ein (→ Abb. 3, Seite 47).
■ Ganz wichtig für ein gutes Einwurzeln ist das seitliche An-

GARTENBLUMEN RICHTIG PFLANZEN

J	F	M	A	M	J	J	A	S	O	N	D

Zeitbedarf:
■ 5–10 Min. pro Pflanze

Material:
■ Topfpflanzen
■ Blumenzwiebeln
■ Sand

Werkzeug, Zubehör:
■ Eimer
■ Messer, Handschaufel, Krail, Zwiebelpflanzer
■ Gießkanne

drücken (→ Abb. 4) der Erde, damit der Ballen Erdschluss bekommt und keine Luftlöcher bleiben. Mit dem Handspaten geht das am besten.
■ Gießen Sie nun gut an (→ Abb. 5). Lockern Sie zum Schluss mit dem Krail die verschlämmte Erdoberfläche um die Pflanze herum auf.
■ Zwiebeln lassen sich am besten mit dem Zwiebelpflanzer einsetzen (→ Abb. 6). Füllen Sie bei schweren Böden etwas Sand ins Pflanzloch. Achten Sie darauf, dass der Wurzelansatz auch nach unten kommt. Bei Anemone und Winterling werden Sie den Wurzelansatz aber vergeblich suchen. Sie kommen einfach so, wie sie sind, in den Boden.

› PRAXIS

Beete für Prachtstauden und Schmuckpflanzen

Leuchtende Zwiebel- und Knollenblumen, farbenprächtige Sommerblumen, üppig blühende Prachtstauden – sie alle brauchen etwas mehr Pflege und einen würdigen Rahmen für ihren großen Auftritt.

Die Stars unter den Gartenblumen aus dem Lebensbereich Beet (→ Seite 21) haben eins gemeinsam: Nur mit hingebungsvoller Pflege des Gärtners lassen sie sich zu wochenlanger Blütenpracht hinreißen. Eine wohldurchdachte und gut vorbereitete Beetanlage macht die Pflege dieser Schönheiten leichter.

Der richtige Standort

Planen Sie Ihr Schmuckbeet im Garten so, dass Sie es jederzeit gut pflegen können. Ein guter Platz ist z. B. in Hausnähe, im Vorgarten oder an der Terrasse. Dann können Sie quasi »im Vorbeigehen« schnell einmal Verblühtes abschneiden (ganz wichtig bei Sommerblumen!) oder eventuell aufkommendes Unkraut auszupfen.

Die meisten Prachtstauden und Sommerblumen sind Sonnenkinder. Sie vertragen zudem keinen Wurzeldruck der Gehölze. Wählen Sie also einen sonnigen Standort abseits von Bäumen und größeren Gehölzen. Zu heiß und trocken soll es auch nicht sein: Beetpflanzen mögen es eher frisch, gern auch mal feucht.

Ein schöner Rahmen

Der üppigen Fülle und Blütenpracht eines Prachtstaudenbeetes stehen eine strenge Form und ein klarer Rahmen gut.
■ Schmale, rechteckige Beete lassen sich besonders gut pflegen, weil Sie hier von allen Seiten bequem und leicht an die Pflanzen herankommen.
■ Die Beetkante sollte, sofern sie an den Rasen grenzt, entweder regelmäßig mit dem Rasenkantenstecher abgestochen (→ Abb. 1) oder dauerhaft mit Rasenkantensteinen oder Klinkern befestigt werden. Seit Kurzem sind auch Rasenkanten aus Edelstahl im Handel. Verlegen Sie die Steine entweder auf Sand oder im Mörtelbett. Das verhindert, dass Rasengräser in die Steinfugen wachsen. Die Kante sollte bündig mit der Erdoberfläche abschließen, damit Sie problemlos mit dem Rasenmäher darüberfahren können.
■ In Beete, die breiter als 1,5 m sind, sollten Sie Trittplatten legen (→ Abb. 2), von denen aus alle Pflanzen gut zu erreichen sind. Wenn Sie bei den Pflegearbeiten immer die Erde betreten, verdichten Sie den Boden – und das mögen Prachtstauden gar nicht.

Ein guter Boden

Prachtstauden wachsen am besten in humosen Böden. Ohne Humus gedeihen z. B. Feinstrahl-Aster, Rittersporn und Sonnenbraut nur schlecht, auch wenn der Boden gut gedüngt ist. Arbeiten Sie also

Tipp

AUF DEN STANDORT KOMMT ES AN

Wenn Rittersporn und Phlox nicht gedeihen wollen, ist vielleicht der Standort zu heiß und zu trocken. Rittersporn stammt aus kühlen Bergregionen, Phlox aus feuchten Prärieweisen. Pflanzen Sie diese wunderschönen Prachtstauden um – an einen eher halbschattigen Platz, der von der prallen Mittagssonne verschont bleibt.

1 ...chten Sie auf saubere Kanten
...it einem Rasenkantenstecher ...önnen Sie in kurzer Zeit und mit ...inimalem Kraftaufwand eine ...aubere Kante ums Beet stechen. ...o verhindern Sie, dass Rasen- ...räser in die Pflanzfläche wach- ...en. Einmal pro Jahr genügt.

2 Sicherer Stand im Beet
Für ein sicheres Betreten größerer Beete sollten Sie einzelne Tritt- platten verlegen. Wählen Sie die Platten nicht zu klein. Ideal ist eine Größe von ca. 40 x 40 cm – darauf können Sie bei der Garten- arbeit bequem stehen.

3 Verbessern Sie den Boden
Schmuckstauden brauchen einen besonders guten Boden. Vertei- len Sie Kompost und Bentonit gleichmäßig auf dem Beet und arbeiten Sie das Material an- schließend mit dem Krail ober- flächlich in den Boden ein.

schon bei der Bodenvorberei- tung genügend Kompost (pro m² ca. 3 Liter) in die Pflanz- fläche ein. Wenn Sie keinen Komposthaufen im Garten ha- ben, können Sie auch Rinden- humus verwenden.

Bei sandigen, nährstoffarmen Böden hat es sich bewährt, zu- sätzlich zum Kompost eine gute Portion Bentonit beizu- mischen (→ Abb. 3). Bentonit ist ein Tonmehl, das jede Men- ge Nährstoffe und Wasser spei- chern kann und sandige Böden bindiger macht. Rechnen Sie mit 500–1000 g Bentonit pro m² Bodenfläche.

Weite Pflanzabstände

Prachtstauden fürs Beet unter- scheiden sich von den Stauden anderer Lebensbereiche beson- ders auch dadurch, dass sie offenen Boden um sich herum brauchen. Ähnlich wie z. B. Beet- und Edelrosen können sie es nicht ertragen, wenn ihnen andere Pflanzen zu nah auf die Pelle rücken.

Achten Sie daher bei den Stau- den fürs Schmuckbeet ganz besonders auf weite Pflanzab- stände (→ Seite 46/47).

Unkraut entfernen

Wurzelunkräuter haben Sie bereits bei der Bodenvorberei- tung gründlich beseitigt (→ Seite 44/45). Aber natürlich werden sich auf dem nahrhaf- ten, lockeren Boden rund um die frisch gepflanzten Pracht- stauden und Sommerblumen schnell Samenunkräuter ein- stellen. Besonders lästig sind hier Springkraut, Vogelmiere und Einjähriges Rispengras. Da gibt es nur ein Gegenmittel: Wehret den Anfängen! Gehen Sie daher immer wieder mit der Hacke durchs Beet. Ziehen Sie die Hacke dabei ganz flach unter der Erdoberfläche ent- lang. Auf diese Weise heben Sie nicht nur die unliebsamen Un- kräuter aus dem Boden, son- dern lockern auch gleich die verkrustete oberste Boden- schicht mit auf.

Wenn Sie mit der Hacke zu tief in den Boden kommen, beför- dern Sie immer wieder dort schlummernde Unkrautsamen an die Oberfläche und bringen sie zum Keimen. Ich habe fest- gestellt: Wenn man Samenun- kräuter konsequent vor der Blüte abhackt, wird man der Plage bald Herr.

› PRAXIS

Das Kiesbeet – ein Platz an der Sonne

Pflegeleichte Blütenträume trotz extremer Hitze und Trockenheit – funktioniert das überhaupt? Mit einem Kiesbeet werden diese Träume wahr. Man muss nur wissen, wie es geht.

Haben Sie in Ihrem Garten eine richtig trockene Gartenecke, die von morgens bis abends starker Sonneneinstrahlung ausgesetzt ist? Eine Rabatte vor der Südwand des Hauses, womöglich noch unter dem Dachvorsprung? Oder eine Böschung an der Terrasse? Und alles, was Sie dort bisher gepflanzt haben, ist früher oder später vertrocknet und abgestorben? Dann probieren Sie es doch mal mit Steinanlagen wie einem Kiesbeet mit hitzeresistenten Steppenpflanzen.

Den Untergrund vorbereiten

Der Boden für ein Kiesbeet soll durchlässig und absolut frei von Wurzelunkräutern (→ Seite 44/45) sein – das sind die beiden Grundvoraussetzungen, damit das Werk gelingt.
■ Haben Sie einen schweren Lehmboden, der zudem noch mit Quecken oder Giersch überwuchert ist? Dann tragen

Sie die obersten 20 cm Boden ab (→ Abb. 1) und ersetzen Sie diese Schicht durch reinen Kies (→ Abb. 2).
Stark verunkrautete Erde sollten Sie abfahren, unkrautfreier Oberboden eignet sich z. B. mit Steinmaterial gemischt gut als Füllmaterial in einer Trockenmauer (→ Seite 54/55).
■ Auch unkrautfreien Lehmboden sollten Sie ausgraben und durch Kies ersetzen, zumindest jedoch mit Kies vermischen. Je mehr, umso besser: Die Pflanzenauswahl für ein Kiesbeet wächst sogar in reinem Kies. Unkraut tut sich in einem solchen Untergrund dagegen äußerst schwer!
■ Sandige Böden brauchen Sie nicht mehr mit Kies zu vermischen und zu »verbessern«.

Wie viele und welche Pflanzen?

Wenn Sie noch gar keine oder nur wenig Erfahrung mit Steppenstauden haben, dann halten

Sie sich einfach an die folgenden Angaben zur Bepflanzung:
■ In mageren Sand- und Kiesböden benötigen Sie ca. 7 Stauden pro m². In Böden mit Lehmanteil nur ca. 5 Stauden. Zusätzlich kommen ca. 20 Blumenzwiebeln pro m² hinzu. Für eine Fläche von 10 m² brauchen Sie also je nach Bodenart 50–70 Stauden.
■ Als Leitstauden schlage ich Ihnen Prachtkerzen und Goldährengras vor, die Sie einzeln im Beet verteilen.
■ Gesellen Sie als Begleiter in Gruppen: Gold-Wolfsmilch, Steppen-Salbei, niedrige Schafgarbe und Hohe Fetthenne.
■ Den Boden bedecken dann Steinquendel, Katzenminze und Niedrige Fetthenne. Graben Sie die Topfballen so tief

Grundlagen schaffen 1
Graben Sie mit der Schaufel die gewünschte Pflanzfläche ca. 20 cm tief aus. Achten Sie auf eine möglichst ebene Fläche. Entfernen Sie restliche noch im Boden verbliebene Unkrautwurzeln.

im Kiesbeet ein, dass sie bündig abschließen, und gießen Sie die Ballen gut an.

- In die Lücken pflanzen Sie im Herbst Zwiebeln von Tulpen, Krokus und Zierlauch, die von März bis Oktober blühen.

Die Pflege eines Kiesbeetes

Ein richtig angelegtes Kiesbeet ist äußerst pflegeleicht:

- Im ersten Jahr nach der Pflanzung – der Anwachsphase der Stauden – sollten Sie das Kiesbeet bei anhaltender Trockenheit durchdringend gießen. In den Folgejahren ist dies nicht mehr nötig. Im Gegenteil: Je weniger Sie gießen, umso blühfreudiger und standfester sind die Pflanzen.

- Auch Düngen ist bei dieser Pflanzenmischung meist nicht nötig. Je magerer die Pflanzen stehen, umso kompakter und standfester werden sie.

- Ziehen Sie auflaufende Samenunkräuter frühzeitig und regelmäßig heraus (→ Abb. 3), auf jeden Fall jedoch, bevor sie zu blühen beginnen und sich dann später aussamen.
Ich habe festgestellt, dass sich ein Distelstecher sehr gut zum Unkrautjäten im Kiesbeet eignet. Mit der Hacke lässt es sich nicht so gut arbeiten, zudem könnten Sie damit auch die Topfballen verletzen.

- Wenn die Pflanzung anfängt, sich zu schließen, und der Unkrautwuchs nachlässt, können Sie den Boden mit Kies abdecken (→ Abb. 4).

EIN KIESBEET RICHTIG ANLEGEN

| J | F | M | A | M | J | J | A | S | O | N | D |

Zeitbedarf:

- 1/2–1 Tag für 10 m² (je nach Unterboden)

Material:

- Kies (Körnung 0–32)
- Steppenstauden
- Blumenzwiebeln

Werkzeug, Zubehör:

- Schaufel, Rechen, Distelstecher
- Schubkarre, Eimer
- Gießkanne

Kies einfüllen
Füllen Sie den Kies bis zur Oberkante des Beetes an und ziehen Sie ihn mit einem Rechen glatt. Kies bekommen Sie im Baumarkt. Bei größeren Mengen lohnt sich auch ein Anruf beim nächstgelegenen Kieswerk.

Achtung, Unkraut!
Auflaufende Unkräuter sollten Sie möglichst gleich entfernen. Wenn die Unkräuter aus den Topfballen wachsen, sollten Sie die Ballen beim Jäten gut festhalten, damit die frischen Wurzeln nicht gleich wieder abreißen.

Beet mit Kies »mulchen«
Wählen Sie für die Mulchschicht Kies der Körnung 8–16 mm. Verteilen Sie ihn mit der Schaufel in einer Schicht von 5 cm auf der Pflanzfläche. Der Kies wirkt wie Mulch: Er hält die Feuchtigkeit im Boden und Samenunkräuter fern.

> PRAXIS

Eine Trockenmauer bauen und bepflanzen

Eine Trockenmauer sieht nicht nur schön aus, sie ist auch ökologisch wertvoll: Neben Steingartenstauden bietet sie auch vielen Insekten und Kleintieren Lebensraum und Unterschlupf.

Trockenmauern, ein weiteres Beispiel für den Lebensbereich Steinanlagen, dienen der Absicherung von Böschungen, stützen Terrassen und Wege in Hanglagen oder fassen Beete und Hochbeete ein.
Wie der Name schon sagt, werden Trockenmauern »trocken«, also ohne Zusatz von Mörtel, aufgeschichtet. Dadurch sind sie – im Gegensatz zu betonierten Mauern – elastisch und können Bodenbewegungen bei Frost ausgleichen, ohne zu reißen oder einzustürzen.
- Verwenden Sie am besten Natursteine der Region, die Sie in Steinbrüchen oder im Baustoffhandel beziehen können.
- Wählen Sie einen sonnigen Platz abseits hoher Sträucher und Bäume. Die meisten Steingartenpflanzen lieben das Licht und würden unter dem Falllaub im Herbst ersticken.

Fest verankert

Zu allererst benötigen Sie ein festes, ebenes Fundament. Für Mauern bis zu einem Meter Höhe reicht eine Fundamenttiefe von 30 cm aus. Höhere Mauern sollten Sie dem Fachmann überlassen.
- Legen Sie zunächst mithilfe von gespannten Schnüren die Mauerflucht fest.
- Entlang der Schnüre heben Sie nun einen Graben aus, der etwas breiter als die Trockenmauer ist, und füllen ihn mit Splitt oder Schotter der Körnung 0–45 auf.
- Diese wasserdurchlässige Tragschicht sollte eben angelegt und sorgfältig verdichtet (→ Abb. 1) werden.

Stein auf Stein

- Verwenden Sie für die unterste Mauerschicht die größten Steine und bauen sie so auf, dass sie zum Teil noch unter der Erde liegen. Die Breite der Mauer am Fuß sollte ein Drittel ihrer Höhe betragen.
- Achten Sie beim weiteren Auflegen der Steine darauf (→ Abb. 2), dass die Steine möglichst waagerecht liegen (Wasserwaage benutzen!).
- Legen Sie die Steinreihen versetzt auf, so dass niemals Fuge über Fuge steht. Solche so genannten »Kreuzfugen« machen die Mauer instabil.
- Sollte ein Stein wackeln, wird er mit Steinsplittern verkeilt (→ Abb. 3).
- Parallel dazu wird die Mauer hinterfüllt, damit sie einen festen Halt bekommt.
Als Füllmaterial nehmen Sie den Grabenaushub, Bruchsteine, Kies oder Schotter. Noch mehr Standfestigkeit bekommt die Mauer durch den Einbau so genannter »Binder«. Das sind lange, große Mauersteine, die die gesamte Mauertiefe abdecken und somit die Mauer mit der Böschung oder dem Hang verbinden.

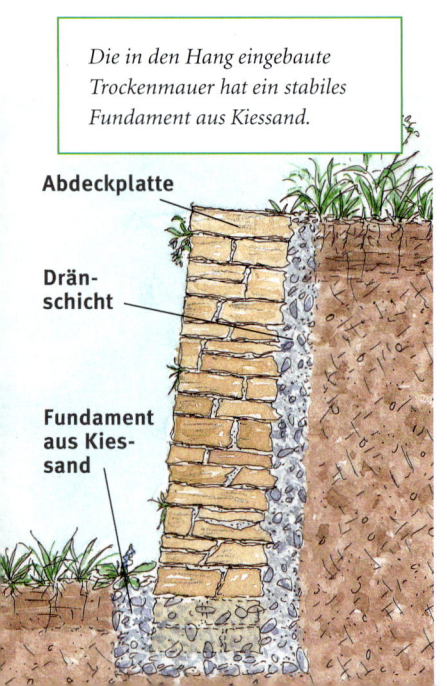

Die in den Hang eingebaute Trockenmauer hat ein stabiles Fundament aus Kiessand.

Abdeckplatte

Dränschicht

Fundament aus Kiessand

- Wählen Sie für den Mauerabschluss flache und gleichmäßig hohe Steine. Stützmauern am Hang brauchen eine Neigung von ca. 10 % an den Hang, damit sie auf Dauer standfest bleiben.

Die Bepflanzung

Für sonnige, aber auch schattigere Trockenmauern gibt es eine reiche Auswahl schöner Stauden (→ Seite 104–107).
- Die beste Pflanzzeit ist das zeitige Frühjahr.
- Setzen Sie die Pflanzen am besten gleich beim Aufschichten der Steine in größere Fugen ein. Dann können Sie noch problemlos rings um den Ballen mageres, steiniges Substrat lückenlos bis zur Hinterfüllung der Mauer zugeben. Die Wurzeln können dann gut bis dorthin vordringen. Jetzt setzen Sie die nächste Schicht Steine auf. Sollten Ihnen später noch größere Fugen auffallen, können Sie auch noch nachträglich Pflanzen einsetzen (→ Abb. 4).
- Hüten Sie sich davor, die Mauer zu dicht zu bepflanzen. Die Schönheit der Steine sollte noch zur Geltung kommen.
- Verwenden Sie grundsätzlich Topfpflanzen, die Sie vor dem Pflanzen gut gewässert haben. Tauchen Sie dazu den Topf so lange in einen Eimer mit Wasser, bis der Topfballen sich vollgesogen hat und keine Luftblasen mehr aufsteigen.
- Bis die Stauden angewachsen sind, sollten Sie sie auf der Südseite bei heißem, trockenem Wetter etwas schattieren.

1

Stabiler Untergrund
Damit der Untergrund für die Trockenmauer auch stabil wird, sollten Sie die Kiesschicht mit einer Rüttelplatte oder einem Stampfer gut verdichten. Beide Geräte können Sie sich ausleihen.

Steine aufsetzen **2**
Setzen Sie auf ebenen Untergrund nun unterschiedlich große Steine neben- und aufeinander. Achten Sie darauf, dass sich die Steine mit möglichst großen Flächen berühren.

Wackelige Steine fixieren **3**
Wenn Steine noch wackeln, fixieren Sie sie, indem Sie mit einem Hammer passende Steinsplitter in die Fugen schlagen. Der Fachmann nennt das »verzwickeln«.

Größere Fugen bepflanzen
Füllen Sie die Fuge mit etwas Substrat. Formen Sie dann den Topfballen »fugengerecht« und setzen ihn vorsichtig ein. Hohlräume verstopfen Sie mit Substrat. **4**

> PRAXIS

Ein Beet im Schatten unter Bäumen

Jeder Garten kommt irgendwann »in die Jahre«. Statt üppiger Blütenpracht beherrscht das Laub der Gehölze die Szene. Das muss nicht so sein. Schaffen Sie wieder Platz für mehr Blumen.

In einem neu angelegten Garten scheint immer die Sonne. Die Gehölze sind noch klein und werfen kaum Schatten. Es gibt jede Menge Platz für sonnenhungrige Stauden und Sommerblumen. Das ändert sich im Lauf der Jahre.

Die Bäume und Sträucher werden immer größer und beschatten die Beete. Die bunten Gartenblumen ziehen sich immer mehr zurück, um schließlich ganz zu verschwinden. Kein Problem: Ein eingewachsener Garten (→ Abb. 1)

mit malerischem, altem Gehölzbestand bietet beste Voraussetzungen für zauberhafte Gartenbilder. Man muss nur wissen, wie das geht.

Licht und Luft schaffen

Zu allererst gilt es, Platz für die Unterpflanzung zu schaffen. Betrachten Sie die Gehölze einmal kritisch. Oft wurden sie viel zu dicht gepflanzt und bedrängen sich jetzt gegenseitig. Das gilt vor allem für Sträucher. Hier sollten Sie rigoros sein und sich von dem einen oder anderen Busch trennen. Bäume können Sie kräftig auslichten und dabei auch die unteren Äste entfernen. Holen Sie sich eine Fachkraft an die Seite, wenn Sie bei diesen Arbeiten unsicher sind. Am

Eingewachsener Garten
Bis zum Boden reichen die Zweige dieses Strauches. Durch das dichte Blattwerk fällt kaum Licht, der Boden ist stark durchwurzelt. Ein dunkles Eck, das kein Lebensraum für Gartenblumen ist.

Platz schaffen
Entfernen Sie im unteren Bereich des Strauches mit der Astschere dünne Seitenzweige direkt am Ansatz. Sägen Sie dann einige ältere Haupttriebe so tief wie möglich über dem Boden ab.

Den Boden verbessern
Bringen Sie unter dem ausgelichteten Strauch eine 5–10 cm dicke Kompostschicht aus. Lockern Sie mit der Grabegabel den Boden, damit sich die vorhandene Erde mit dem Kompost mischt.

Ende der Ausholzungsarbeiten ist unter lockeren Kronen eine neue Pflanzfläche entstanden (→ Abb. 2) – kühl und lichtschattig wie am Rand eines Waldes (→ Seite 18/19).

Den Boden vorbereiten und verbessern

Meist ist der Boden unter eingewachsenen Gehölzen stark durchwurzelt und ausgelaugt und braucht dringend eine Auffrischung. Die dünne obere Schicht aus verrottetem Laub reicht bei Weitem nicht, um neue Pflanzen anzusiedeln. Sie müssen neue Erde auffüllen (→ Abb. 3). Reifer Kompost z. B. enthält viel Humus und jede Menge Nährstoffe – beste Startbedingungen für die neue Anpflanzung. Ideal ist auch eine selbst hergestellte humose

und leicht saure Lauberde – so wie Schattenstauden sie lieben. Dazu kompostieren Sie das im Herbst anfallende Laub und mischen es mit mit Rasenschnitt und etwas Holzhäcksel oder Rindenmulch.
Wenn Sie keine Möglichkeit zum Kompostieren im Garten haben: Rindenhumus aus dem Kompostwerk tut es auch.

Passende Pflanzen

Sie sollten Schatten lieben, fallendes Laub und den Tropfenfall von den Bäumen vertragen sowie den Wurzeldruck der Gehölze nicht allzu übel nehmen: Stauden und Zwiebelblumen aus den Lebensbereichen Gehölz und Gehölzrand (→ Seite 18/19, Seite 112–117) machen das mit links. Achten Sie bei der Auswahl besonders auf die Ansprüche an die Bodenfeuchtigkeit: Im Sommer kann es unter den Bäumen ganz schön trocken werden. Pflanzen Sie zu den Schattenstauden (→ Abb. 4) jede Menge Kleinblumenzwiebeln in Ihr neues Beet. Sie blühen, bevor sich das Laub der Bäume entfaltet, verschwinden schnell wieder von der Bildfläche und

verbreiten sich auch ohne Ihr Zutun relativ schnell.
Bringen Sie Licht ins Beet: Weiße Blüten und gelbbunte oder weißrandige Blätter hellen Schattenpartien sehr wirkungsvoll auf. Besonders schön finde ich die gelbgrünen Blätter des Japan-Grases. Bei den Funkien gibt es eine Vielzahl von Sorten mit hell gemusterten (panaschierten) Blättern. Wählen Sie auf alle Fälle unterschiedliche, kontrastreiche Blattformen (→ Seite 34/35).

Ein eigenes Pflanzbett

Einjährige tun sich im Wurzelfilz eingewachsener Gehölze besonders schwer. Probieren Sie doch mal folgenden Trick: Nehmen Sie einen Pappkarton, schneiden Boden und Deckelklappen weg und versenken ihn so in der Erde, dass die Oberkanten mit der Bodenoberfläche abschließen. Füllen Sie Gartenerde ein und mischen Sie gute Blumenerde in die oberste Schicht. In dieses Pflanzbett setzen Sie nun einjährige Fuchsien oder Fleißige Lieschen. Unbehelligt von den Gehölzwurzeln blühen sie einen ganzen Sommer lang.

Pflanzen einsetzen
Platzieren Sie erst einmal die usgewählten Pflanzen im Topf unter dem Strauch. Ausdauernde Schattenstauden mehr in den Hintergrund, Farbe bringende fleißige Lieschen nach vorn.

57

› PRAXIS

Ein Beet voll bunter Sommerblumen

Sommerblumen bringen über Monate leuchtende Farben in den Garten. Säen Sie im späten Frühjahr Sommerblumen-Mischungen direkt ins Beet – einfacher und billiger geht es nicht.

Ich lasse in meinem Gemüsegarten öfter einmal ein Beet »ruhen«. Damit der Boden sich erholen kann, säe ich eine der praktischen Sommerblumen-Mischungen aus, die seit einigen Jahren angeboten werden. Ob »Sommernachtstraum«, »Landhausmischung« oder »Trockene Gartenecken« – für jeden Geschmack ist etwas dabei. Sommerblumen lassen sich aber auch gut in neu gepflanzte Staudenbeete als Lückenfüller säen. Oder Sie legen einfach ein ganzes Beet nur mit Sommerblumen an. Durch die späte Aussaat (Ende April/Anfang Mai) setzt der Flor allerdings frühestens ab Ende Juni ein – dafür hält er dann bis zum Frost an.

Das Beet anlegen

Für ein Sommerblumenbeet gilt wie für alle Pflanzungen: Verdichtete Böden sollten gelockert und Wurzelunkräuter peinlich genau entfernt werden (→ Seite 44/45). Kompost verbessert die Bodenstruktur und sichert die Nährstoffversorgung der Pflanzen.

■ Im Unterschied zu einem Pflanzbeet wird ein Saatbeet feinkrümelig planiert (→ Abb. 1), damit der Samen Bodenschluss hat.

■ Und jetzt kommt der Trick: Breiten Sie auf dem planierten Boden einfaches Packpapier aus (→ Abb. 2) – alternativ geht auch Zeitungspapier in mehreren Schichten. Das Papier verhindert, dass in der Keimphase der Sommerblumen Samenunkräuter aus dem Boden wachsen und die jungen Pflänzchen bedrängen. Bereits nach kurzer Zeit wird das Papier mürbe und verrottet, die Pflanzenwurzeln können mühelos ins Erdreich vordringen.

■ Auf dem Packpapier bringen Sie nun Qualitätsblumenerde aus (→ Abb. 3) – abgepackte Blumenerde enthält keinen Unkrautsamen.

1 Pflanzfläche vorbereiten
Zum Anlegen der Pflanzfläche sollte der Boden abgetrocknet sein. Ziehen Sie mit dem Holzrechen grobe Klumpen und Steine ab. Achten Sie gleich darauf, die Oberfläche möglichst eben zu ziehen.

2 Papier auslegen
Legen Sie nun das Packpapier aus. Die einzelnen Bahnen sollten sich etwas überdecken. Beschweren Sie eine Seite mit Steinen, damit das Papier beim Auslegen nicht verrutscht oder hochgeweht wird.

■ Säen Sie dann die Sommerblumen-Mischung auf die Erde. Jetzt die gesamte Fläche noch mit Sand abdecken (→ Abb. 4) und gut angießen (→ Abb. 5). Mit zunehmendem Wachstum bedecken die Sommerblumen bald fast den gesamten Boden, so dass nur wenig Unkraut aufkommen kann.

Eine besondere Saat

Wenn Sie der Natur etwas Gutes tun wollen, säen Sie doch ein Beet mit einer Bienenpflanzen-Mischung an (→ Seite 126). Die Blüten der ein-, zwei- und mehrjährigen Pflanzen enthalten besonders viel Nektar – ein Schlaraffenland für Bienen, Hummeln und viele Schmetterlinge. Im ersten Jahr bestimmen Ringelblumen,

Klatschmohn, Kornblumen und Sonnenblumen das bunte Bild. Im zweiten Jahr blühen Wilde Malven, Königskerzen und Natternkopf. Ab dem dritten Jahr sorgen Wiesenmargerite, Johanniskraut, Wiesen-Salbei, Dost, Schafgarbe und viele andere Wildblumen für einen reich gedeckten Tisch.

Wenig Pflege

Sommerblumenbeete machen nicht viel Arbeit:
■ Gießen brauchen Sie nur bei längerer Trockenheit.
■ In der Regel reicht die Blumenerde für die Nährstoffversorgung aus. Bei nachlassender Blüte können Sie jedoch mit schnell wirkendem Flüssigdünger nachdüngen.

SOMMERBLUMEN ANSÄEN

| J | F | M | A | M | J | J | A | S | O | N | D |

Zeitbedarf:

■ ca. 5 Min. pro m² Beetfläche

Material:

■ Sommerblumensamen
■ Packpapier
■ Blumenerde
■ Sand

Werkzeug, Zubehör:

■ Holzrechen, Schaufel, Schubkarre, großes Sieb
■ Gießkanne mit feiner Brause

Blumenerde verteilen
Füllen Sie die Blumenerde zunächst in die Schubkarre – sie lässt sich dann viel leichter mit der Schaufel verteilen. Streuen Sie vom Rand her eine möglichst gleichmäßige, ca. 3 cm dicke Schicht auf das Papier.

Aussäen und abdecken
Wenn die Sommerblumen ausgesät und angedrückt sind, wird die Saat mit feinem Sand abgedeckt. Am besten geht's zu zweit: Einer füllt den Sand ins Sieb, der Zweite bewegt das Sieb gleichzeitig über dem Boden hin und her.

Gründlich angießen
Zum Schluss wird die Saat mit der feinen Brause gründlich angegossen. Ab jetzt müssen Sie darauf achten, dass das Saatbeet nicht austrocknet. Bei Wärme und Trockenheit eventuell mehrmals täglich gießen.

> FRAGE & ANTWORT

Expertentipps rund um das Pflanzen

Ob Sie bunte Zwiebelblumen für das kommende Frühjahr setzen, ein Staudenbeet ganz neu bepflanzen oder einen Blütentraum mit Sommerblumen gestalten – mit dem nötigen Wissen um die Bodenvorbereitung und die Pflanztechnik haben Sie zwei grüne Daumen!

? Ich möchte ein Kiesbeet anlegen. Was halten Sie von einem Vlies, um Unkräuter abzuhalten?

Wurzelunkräuter hält ein Vlies nur für kurze Zeit ab. Quecke, Winde und Co. kommen spätestens nach zwei Jahren durch. Sorgfältiges Entfernen der Wurzelunkräuter vor der Bepflanzung ist eindeutig die bessere Methode. Auch Unkraut, das sich durch Samenflug ansiedelt, wird durch das Vlies nicht abgehalten. Um regelmäßiges Jäten nach dem Pflanzen werden Sie nicht herumkommen. In dem Maße, in dem sich die Pflanzung schließt, werden aber auch die Unkräuter immer weniger.

? Meine hohen Phlox-Sorten hatten ursprünglich ganz verschiedene Farbtöne. Jetzt haben sie alle die gleiche Farbe. Woran liegt das?

Sie beschreiben ein Phänomen, das gar nicht so selten auftritt. Der Hohe Staudenphlox sät sich an zusagenden Stellen gerne selber aus. Oft sind dann die Sämlinge vitaler als die Mutterpflanze und überwachsen sie mit der Zeit. In Ihrem Garten sind die Sämlinge im Farbton alle recht ähnlich ausgefallen. Um eine Selbstaussaat zu verhindern, sollten Sie die Dolden gleich nach der Blüte abschneiden. Und noch ein Tipp: Phlox mag es gerne lehmig und feucht. Wenn Sie sandigen, eher trockenen Boden haben, probieren Sie doch mal die Sorten 'Landhochzeit', 'Freudenfeuer' oder 'Hesperis' aus. Sie vertragen mehr Trockenheit.

? Woran erkenne ich beim Kauf, ob eine Staude von guter Qualität ist?

Qualitätsstauden haben einen festen, gut durchwurzelten Topfballen. Die oberirdischen Triebe sehen gesund und frisch aus. Im Frühjahr oder Herbst, wenn kein Laub zu sehen ist, können Sie mit dem Finger fühlen, ob Triebknos-

pen unter der Erdoberfläche vorhanden sind. Gute Qualität ist auch gut gekennzeichnet! Entweder ist jede Pflanze etikettiert, oder sie steht im etikettierten Verbund im Beet. Botanischer und deutscher Name sind klar ersichtlich, ebenfalls der Sortenname. Übrigens: Viele Staudengärtnereien führen das »Qualitätszeichen Stauden« und garantieren damit für gesunde Pflanzen.
Stehen lassen sollten Sie überständige Ware, bei der die Wurzeln schon weit aus dem Topf herausgewachsen sind und/oder der Wurzelballen verfilzt ist. Es versteht sich von selbst, dass Sie vertrocknete oder krank aussehende Pflanzen nicht in den Einkaufskorb stellen.

? Wie viel Dünger soll ich bei einer Neupflanzung in den Boden einbringen?

Eine generelle Düngeempfehlung bei Neupflanzungen gibt es nicht. Wenn Sie den Boden für Wildstauden oder Blumenzwiebeln vorbereiten, brauchen Sie gar keinen Startdünger einzuarbeiten. Das Gleiche gilt für Kiesbeete und Steingartenanlagen.

Bei Neupflanzungen im Gehölzbereich sollten Sie zur Bodenverbesserung Laub- oder Rindenhumus aufbringen. Beide enthalten ausreichend Nährstoffe, so dass auch hier kein zusätzlicher Dünger notwendig ist.

Prachtstauden aus dem Lebensbereich Beet brauchen zwar viel Nährstoffe. Aber auch hier reicht es, wenn Sie vor dem Pflanzen Kompost in die oberste Bodenschicht einarbeiten. 3 Liter pro m² genügen, weitere Düngergaben sind vorerst nicht nötig.

Etwas anders sieht es bei Sommerblumen aus: Für das stürmische Wachsen und Blühen muss von Anfang an ein Nährstoffvorrat zur Verfügung stehen. Greifen Sie auch für Sommerblumen zu Kompost, 3–5 Liter pro m² sind genug. Arbeiten Sie zusätzlich noch etwa 30 g Hornmehl pro m² als Stickstoffdünger ein.

? **In meinem Garten gibt es eine nasse Ecke mit lehmigem Boden, die ich gerne bepflanzen möchte. Was kann ich da tun?**

Es gibt zwei Möglichkeiten:
■ Am einfachsten ist es, wenn Sie diesen Standort so nehmen, wie er ist. Wenn der Standort sonnig ist, pflanzen Sie Dost, Präriekerze und die zauberhaften Ligularien. In den feuchten Schatten gehören Lungenkräuter, Astilben und vor allem das imposante Tafelblatt. Entfernen Sie vor dem Pflanzen sorgfältig das Wurzelunkraut und lockern Sie den Boden gründlich.

In dem feuchten Lehm werden die Stauden und Zwiebelblumen prächtig gedeihen.
■ Wenn Sie das nicht wollen, dann sollten Sie den Boden »trockenlegen«. Prüfen Sie zunächst, ob der Lehm in tieferen Schichten hart und verdichtet ist. Wenn ja, dann lockern Sie die Schicht auf. Sorgen Sie dann mittels einer Dränage dafür, dass die Feuchtigkeit abfließt. Arbeiten Sie schließlich viel Kies, Schotter oder groben Sand in den Lehmboden ein.
Jetzt können Sie – je nachdem ob sonnig oder schattig – ein Schmuck- oder Schattenstaudenbeet gestalten.
Wenn Sie sich nicht sicher sind, lassen Sie die Arbeiten von einer Fachkraft des Garten- und Landschaftsbaus ausführen. Lassen Sie sich vorher jedoch einen Kostenvoranschlag machen.

? **Woran liegt es, dass meine Narzissen nicht mehr blühen?**

Das fehlende Blühen kann verschiedene Ursachen haben:
■ Oft liegt ein Nährstoffmangel vor. Vielleicht haben Sie das Laub zu früh nach der Blüte abgeschnitten? Blumenzwiebeln bilden vom Austrieb bis zum Absterben der Blätter durch Photosynthese Nährstoffe und lagern sie für die kommende Blühsaison in die Zwiebel ein. Lassen Sie also die Blätter ganz vergilben, bevor Sie sie entfernen. Gute Partner im Beet sind z. B. Funkien, die ihre großen Blätter über das welkende Narzissenlaub breiten.
Mit Beginn des Blattaustriebs sollten Sie vor allem großblumige Narzissen düngen. Wählen Sie einen schnell wirkenden, minerali-

schen Dünger. Auch Flüssigdünger ist gut geeignet.
■ Vielleicht stehen die Narzissen mittlerweile auch zu schattig? Nehmen Sie die Zwiebeln, sobald das Laub eingezogen ist, aus dem Boden. Teilen Sie große Zwiebelpakete und pflanzen Sie die Tochterzwiebeln an einem sonnigeren Platz im Garten ein.

? **Ich pflanze immer wieder Tulpenzwiebeln, aber nach kurzer Zeit sind sie verschwunden. Wühlmäuse habe ich nicht im Garten.**

■ Schlechte Qualität der Zwiebeln kann hier die Ursache sein. Haben Sie ein Sonderangebot im Discounter gekauft? Oft sind diese Zwiebeln zu lange und in den Blisterpackungen zu hell gelagert. Die Zwiebeln bekommen schimmelige Flecken und sind teilweise oder ganz vertrocknet. Qualitätszwiebeln sind groß, prall und haben eine gesunde, unversehrte Schale.
■ Es kann aber auch an der Sorte liegen. Manche Sorten blühen ein, zwei Mal und verabschieden sich dann auf Nimmerwiedersehen. Langlebige Sorten sind z. B. 'Ad Rem', 'Beauty of Apeldoorn' oder 'Golden Parade'.
■ Vielleicht sind Ihre Tulpenzwiebeln aber auch verfault? Tulpen sollten im Sommer ganz trocken stehen. Ein guter Platz ist in trockenen, durchlässigen, sonnigen Beeten oder zwischen höheren Stauden, die alles überschüssige Wasser aufsaugen. Sie können aber auch die Zwiebeln ausgraben, wenn die Blätter eingezogen sind, und dann trocken und kühl lagern.

Blumen pflegen – leicht gemacht

Machen wir uns nichts vor: Alle Gartenblumen brauchen ein gewisses Maß an Pflege. Die einen mehr, die anderen weniger. Wenn aber Maßnahmen wie Mulchen, Gießen, Düngen und Schneiden gekonnt aufeinander abgestimmt sind, gedeihen unsere Gartenblumen fast wie von selbst.

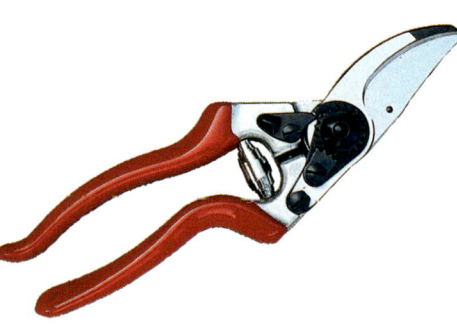

Im Vorfeld haben wir schon einiges für ein gutes Wachstum unserer Gartenblumen getan: standortgerechte Planung, sorgfältige Bodenvorbereitung und fachgerechtes Pflanzen. Trotzdem gibt es im Laufe der Saison noch so einiges zu tun. Unkraut wächst immer, und auch Gartenblumen haben Hunger und Durst.

Ein Pflegekonzept mit Hand und Fuß

Nach meiner Erfahrung lässt sich die Pflege von Gartenblumen auf ein Mindestmaß re-

duzieren, wenn die verschiedenen Maßnahmen sinnvoll ineinandergreifen.

■ Wenn Sie Ihre Beete mit Mulch bedecken, brauchen Sie weniger zu gießen. Mulch verrottet außerdem zu Humus und liefert so Nährstoffe für die Pflanzen. Auch Kompost ist ein guter Nährstofflieferant (→ Seite 64/65).

■ Auch beim Gießen gibt es einiges zu beachten (→ Seite 66/67) – vor allem, wie man Wasser sparen kann.

■ Wenn Sie Gartenblumen optimal mit Nährstoffen versorgen (→ Seite 68/69) haben Schädlinge und Krankheiten kaum eine Chance, Pflanzenschutzmaßnahmen (→ Seite 72/73) erübrigen sich. Richtig ernährte Gartenblumen sind zudem standfest und brauchen kaum Stützvorrichtungen (→

Seite 70/71). Auch die Winterhärte hängt von einer fachgerechten Düngung ab.

Und schließlich: Gut gepflegte Gartenblumen sind wüchsig und vital. Sie bedecken mit ihren Blättern den Boden und verhindern so, dass sich Unkräuter aussäen können – das wiederum erspart Ihnen das lästige Jäten und Hacken.

Ein Lob auf die Gartenschere

Ich gehe nie ohne Schere in meinen Garten. Zu schneiden gibt es eigentlich immer etwas (→ Seite 70/71): Zweige von Sträuchern, die den Stauden zu nah auf die Pelle rücken; abgestorbene oder von Schädlingen befallene Triebe; Verblühtes im Sommerblumenbeet – oder einen Strauß für die Vase.

Üppige Blütenpracht und wenig Arbeit – mit der richtigen Pflanzenauswahl und gutem Werkzeug kein Problem.

> PRAXIS

Gute Bodenpflege durch Mulchen

Das Zauberwort für einen relativ pflegeleichten und gesunden Garten heißt »Mulch«. Mit dem richtigen Mulchmaterial sparen Sie sich viel Arbeit und machen ganz nebenbei Ihren Boden fruchtbar.

»**To mulch«,** dieser Begriff kommt aus dem Englischen und bezeichnet eine sehr sinnvolle Form der Bodenpflege im Garten: Offene Flächen in Beeten und Rabatten, aber auch unter Gehölzen werden mit organischem Material bedeckt.

Die Vorteile des Mulchens

Auch hierzulande haben viele Gartenfreunde die Vorteile des Mulchens erkannt: Bodenfeuchtigkeit, Unkrautwuchs und Struktur des Bodens werden positiv beeinflusst.

- Mulch verhindert, dass der Boden rasch austrocknet. Das ist ganz besonders wichtig bei sandigen Böden, die Regenwasser nur schlecht halten können. So manche Gießkanne Wasser lässt sich dadurch sparen!
- Aber auch lehmige Böden profitieren vom Mulchen. Zum einen werden bei heftigen Niederschlägen herabprasselnde Regentropfen weich aufgefangen, der Boden verschlämmt nicht wie in unbedecktem Zustand. Zum andern lockt das organische Material jede Menge fleißige Bodenlebewesen an. An erster Stelle zu nennen ist hier der Regenwurm, der in Lehmböden wahre Wunderwerke vollbringt. Er setzt das Mulchmaterial zu wertvollem Dauerhumus um und lockert und lüftet ganz nebenbei die schwere Erde.

Geeignetes Mulchmaterial

Mulchen können Sie mit gehäckselter Rinde, Baum- und Strauchschnitt, Grasschnitt und Laub, im weiteren Sinne auch mit mineralischen Stoffen wie Kies, Splitt und Schotter.
- **Rindenmulch** (→ Abb. 1) wird im Lauf der Zeit in Rindenhumus umgewandelt. Dabei wird Gerbsäure freigesetzt und Stickstoff verbraucht. Sie sollten Rindenmulch nur zwischen Pflanzen ausbringen, die von ihrem natürlichen Standort an ein solches Material gewöhnt sind. Stauden der Lebensbereiche Gehölz und Gehölzrand kommen damit zurecht. Steingartenstauden dagegen mögen dieses eher saure organische Material gar nicht und zeigen unter Umständen Wachstumsstörungen. Auch zwischen Prachtstauden würde ich keinen Rindenmulch ausbringen. Neben der Gerbsäure ist hier auch der hohe Stickstoffverbrauch der Rinde von Nachteil.
- **Für Häcksel aus Baum- und Strauchschnitt** gilt Ähnliches. Die Absonderung von Gerbsäure ist hier aber nicht so hoch wie bei Rindenmulch.
- **Rasenschnitt** und **Falllaub** eignet sich zum Mulchen in

---

Tipp

KOMPOST – GUT GEMISCHT

Damit Ihre Gartenabfälle auf dem Komposthaufen optimal verrotten, sollten Sie weiches, feuchtes Material mit holzigen, trockenen Abfällen mischen. Grasschnitt passt zu Holzhäcksel, Staudenschnitt zu trockenem Laub. Decken Sie Ihren Komposthaufen mit schwarzer Folie ab, umso schneller ist der Kompost fertig.

Rindenmulch
Rindenmulch wird aus Baumrinde gewonnen und sowohl lose als auch in Säcken angeboten. Mit seiner dunklen Farbe sieht er ansprechend aus. Nicht zu dick ausbringen, die Pflanzen können darunter ersticken.

Strohmulch
Durch seine grobe Struktur eignet sich reines Stroh eher fürs Gemüsebeet als zwischen Stauden. Zwischen den Halmen kommt zudem Unkraut leichter hoch. Trocken geschreddertes Stroh dagegen ist ein sehr guter Mulch.

Kies oder Splitt
Anders als die organischen Stoffe wird das steinige Material nicht zersetzt, muss aber auch nicht ständig ersetzt werden. Es setzt aber auch keine Nährstoffe frei. Verwenden Sie am besten eine Kieskörnung von 8–16 mm.

Gehölzrabatten und im Prachtbeet. Besonders bewährt hat sich eine Mischung aus Rasenschnitt und Falllaub, aufgelockert durch eine gute Portion zerkleinertem Staudenschnitt.
■ Auch **Stroh** (→ Abb. 2) verbraucht bei der Verrottung Stickstoff.
■ Natürlich können Sie auch mit **Kompost** mulchen (→ Tipp). Bedenken Sie aber den hohen Nährstoffgehalt von Kompost, den nicht alle Pflanzen vertragen. Eine dünne Schicht Kompost als Abdeckung zwischen Rittersporn und Co. ist goldrichtig. Er liefert Nährstoffe und vor allem Humus für ein gesundes Wachstum.
■ **Kies, Splitt** oder **Schotter** (→ Abb. 3) eignen sich gut zur Bodenabdeckung in Steppenpflanzungen und im Steingarten. Vorsicht mit organischem Mulch im Steingarten und Kiesbeet. Nicht nur Rindenhumus, auch Rasenschnitt oder gar Kompost würden das steinige Substrat mit zu vielen Nährstoffen anreichern.

Das sollten Sie beachten

Wenn Sie Mulch verwenden, dann bedenken Sie:
■ Die Stärke der Mulchdecke sollte nicht mehr als 5-7 cm betragen, bei Rasenschnitt höchstens 3 cm.
■ Je höher die Niederschlagsmenge in Ihrer Region ist, umso dünner sollte bei Rasenschnitt die Mulchschicht sein – sonst droht Fäulnisgefahr.
■ Lassen Sie Rasenschnitt eine Weile abtrocknen, bevor Sie ihn im Beet als Mulch ausbringen. Er bleibt dann locker und fängt nicht an zu faulen.
■ Wurzelunkräuter lassen sich von Mulch nicht abhalten. Entfernen Sie Quecke, Giersch und Co., bevor Sie mulchen.
■ Wühlmäuse und Schnecken fühlen sich im Mulch ebenfalls sehr wohl. Kontrollieren Sie immer wieder einmal, ob sie sich hier eingenistet haben.
■ Bei Neupflanzungen sollten Sie ca. 1 Jahr mit dem Mulchen warten: Frisch gepflanzte Stauden vertrocknen unter Umständen unter der Mulchdecke, weil das Regenwasser nicht bis zu den Topfballen vordringt. Zudem keimt nach der Pflanzung besonders viel Unkraut, das sich ohne Mulchschicht viel schneller und besser mit der Hacke bekämpfen lässt.

> PRAXIS

Blumen richtig und sparsam gießen

Unter Fachleuten gilt das Gießen als hohe gärtnerische Kunst. Wie Sie richtig gießen und dabei sparsam mit dem kostbaren Gut Wasser umgehen, lässt sich leicht lernen.

Ohne Wasser stirbt früher oder später jede Pflanze ab. Bei anhaltender Trockenheit muss man also gießen. Aber wann, wie oft und wie viel? Kann man auch Wasser sparen? Fragen über Fragen, die ich Ihnen der Reihe nach beantworten will.

Wasser, marsch!

Beachten Sie beim Gießen folgende Grundregeln, dann wissen Sie schon das Wichtigste.

■ Der beste Zeitpunkt zum Wässern ist der frühe Morgen. Einerseits wird jetzt wenig Wasser verdunstet, andererseits können die Blätter über Tag abtrocknen. Das schützt vor Pilzerkrankungen.

■ Aussaaten sollten Sie bei Trockenheit mehrmals am Tag gießen, damit die oberste Erdschicht gleichmäßig feucht bleibt. Es reichen kleine Mengen (2–5 Liter pro m²). Benutzen Sie eine Sprühflasche oder eine Gießkanne mit Brausekopf, damit die Samen nicht weggeschwemmt werden (→ Seite 84/85).

■ Für eingewachsene Pflanzen gilt: Gießen Sie lieber einmal pro Woche gründlich als jeden Tag ein bisschen. »Gründlich« heißt mindestens 15–20 Liter pro m². Der Boden sollte auf jeden Fall bis in 15 cm Tiefe durchfeuchtet sein. Die Pflanzenwurzeln folgen dem Wasser in die Tiefe. Häufige, geringe Wassergaben befeuchten nur die oberste Erdschicht. Das Wasser verdunstet schnell, und die Wurzeln breiten sich nur an der Oberfläche aus.

■ Wässern Sie die Pflanzen mit einem weichen Strahl direkt in den Wurzelbereich (→ Abb. 1), nicht mit dem Brausekopf über die gesamte Pflanze.

So sparen Sie Wasser

Gießen kostet Geld, wenn man kein Regenwasser auffangen kann und auf Leitungswasser zurückgreifen muss.
Es gibt jedoch einige Möglichkeiten, mit denen Sie die Menge Ihres Gießwassers reduzieren können:

■ Wenn Sie in einer Gegend mit geringer Niederschlagsmenge leben, sollten Sie Gartenblumen auswählen, die Trockenheit gut vertragen. Oft erkennen Sie schon am Laub, ob die Pflanze Trockenheit aushält (→ Seite 34/35). Kleine, dickfleischige Blätter z. B. können Wasser speichern. Ein graufilziger Belag oder eine Wachsschicht auf den Blättern dient als Verdunstungsschutz.

Praxisinfo

REGEN- ODER LEITUNGSWASSER?

Ganz klar: Für die Bewässerung der Gartenblumen ist Regenwasser dem Wasser aus der Leitung vorzuziehen.

■ Leitungswasser wird mit viel Aufwand zu Trinkwasser aufbereitet und ist zu kostbar, um damit Pflanzen im Garten zu gießen.

■ Außerdem ist Regenwasser besser temperiert und oft weicher als das kalkhaltige Leitungswasser.

■ Der erste Regenguss nach langer Trockenheit enthält allerdings viele Schadstoffe und wird besser abgeleitet.

- Manchmal hilft es schon, wenn Sie besonders durstige Pflanzen aus der vollen Sonne an einen lichtschattigen Platz umpflanzen.
- Schluckspechte, die ständig gegossen werden wollen, sollten Sie durch anspruchslosere Pflanzen ersetzen.
- Mulchen spart jede Menge Wasser und auch Gießarbeit (→ Abb. 2).
- Nach wie vor bewährt sich oberflächliches Hacken, um die Feuchtigkeit im Boden zu halten (→ Abb. 3).
- Mischen Sie unter leichte sandige Böden eine ordentliche Portion Tonmehl (Bentonit) und geben Sie Humus in Form von Kompost oder Rindenhumus dazu. Das verleiht dem Sandboden eine gute Wasserspeicherkapazität, so dass Regenwasser nicht so schnell abfließen kann. Lehmige Böden bleiben nach einem Regenguss viel länger feucht und müssen seltener gegossen werden als Sandböden.
- Bewässern Sie Ihren Garten automatisch (→ Abb. 4). Für Beete und Rabatten hat sich die automatische Bewässerung mit Tropfschläuchen als sehr brauchbar erwiesen. Die Schläuche werden am Boden verlegt, der Wasseraustritt durch die kleinen Öffnungen per Computer gesteuert. Alles Wasser sickert direkt zu den Pflanzenwurzeln. Dadurch ist die Verdunstungsrate extrem niedrig und der Wasserverbrauch minimal. Lassen Sie sich am besten von einem Fachmann beraten.

1 An die Wurzeln gießen

Wenn Sie direkt in den Wurzelbereich gießen, geht zum einen kaum Wasser durch Verdunstung verloren, zum andern bleibt das Laub trocken und ist weniger anfällig gegen Pilzbefall.

Mit Mulch abdecken 2

Eine dünne Schicht Rindenmulch, Grasschnitt, Kompost oder auch Kies hält die Feuchtigkeit im Boden. Prasselnde Regentropfen werden abgefangen, die Bodenoberfläche verkrustet nicht.

3 Oberfläche auflockern

Hacken und oberflächliches Lockern des Bodens unterbricht feine Haarrisse im Boden, durch die das Wasser nach einem Regenguss schnell wieder verdunstet.

Automatisch bewässern

Die automatische Bewässerung mit Tropfschläuchen ist zwar etwas teurer in der Anschaffung, spart letztlich aber Wasser und natürlich auch Arbeitszeit. 4

> PRAXIS

Düngen ist keine Gefühlssache

Gartenblumen brauchen weniger Nährstoffe als viele Gemüse oder auch Rosen. Lassen Sie sich von der Werbung nicht täuschen: Zu viel Dünger belastet nur die Umwelt und den Geldbeutel.

Seit geraumer Zeit ist die optimale Nährstoffversorgung der Pflanzen im Hausgarten Gegenstand umfangreicher Untersuchungen. Besondere Aufmerksamkeit wird dabei den Hauptnährstoffen Stickstoff (N), Phosphor (P) und Kalium (K) geschenkt. Ohne ausreichende Mengen dieser Nährstoffe ist ein gesundes Pflanzenwachstum nicht möglich – ein Überangebot macht die Pflanzen allerdings auch krank. Erste Ergebnisse zeigen eindeutig, dass viele Hausgärten überversorgt sind. Düngen »Pi mal Daumen« oder nach Gefühl kann oftmals mehr schaden als nützen.

Hungerkünstler und Vielfraße

Manche Pflanzen im Garten brauchen gezielte Düngergaben, andere wiederum kommen ganz ohne Dünger aus.
■ Zu den »Hungerkünstlern« gehören Steingartenpflanzen und Steppenpflanzen im Kiesgarten. Düngergaben führen bei diesen Pflanzengruppen zu mastigem Wuchs und letztlich zu Krankheiten. Kleinblumenzwiebeln wie Schneeglöckchen und Blaustern sowie Schattenstauden unter Gehölzen brauchen ebenfalls keinen Dünger. Sie ernähren sich vom verrotteten Falllaub der Bäume und

»Probebohrungen« anlegen
Heben Sie mit dem Spaten an verschiedenen Stellen jeweils ein rechteckiges Loch von ca. 30 cm Tiefe aus. Stechen Sie an einer Lochwand jeweils eine ca. 2 cm dicke Erdscheibe ab.

Bodenprobe abschaben
Stechen Sie mit der Pflanzschaufel nun links und rechts so viel ab, dass ein ca. 3 cm breiter Streifen in der Mitte des Spatenblattes übrig bleibt – das ist nun Ihre erste Bodenprobe.

Einzelproben mischen
Schütten Sie nun die einzelnen Erdstreifen aus Ihren »Probebohrungen« in einen Eimer. Mischen Sie die Erde gut durch und füllen Sie ca. 500 g der Mischung in einen festen Plastikbeutel ab.

Sträucher. Eine jährliche Kompostgabe von 1 Liter pro m², im Frühjahr ausgebracht, kann aber nicht schaden und liefert wertvollen Humus.

- Prachtstauden, Zuchtsorten von Blumenzwiebeln und vor allem einjährige Sommerblumen dagegen sind »gefräßig« und benötigen mehr Nährstoffe. Wie viel genau und in welcher Form, darüber gibt eine Bodenprobe Aufschluss.

Eine Bodenprobe bringt Klarheit

Lassen Sie Ihren Gartenboden in einem einschlägigen Institut (→ Seite 126) prüfen. Eine »Standardbodenprobe« erfasst Bodenart, pH-Wert und Humusgehalt sowie den Gehalt an Phosphor, Kalium und Magnesium. Anhand der Ergebnisse

...ersandfertig machen
...chreiben Sie mit einem wasser-
...esten Stift Adresse, Umfang der
...ntersuchung und geplante Nut-
...ungsart auf die Tüte, verschließen
...e sie gut und verpacken Sie sie in
...ner festen Versandtasche.

gibt Ihnen das Labor dann eine Düngeempfehlung.

Ein guter Zeitpunkt für die Bodenprobe ist der Herbst oder das zeitige Frühjahr, wenn die letzten Düngergaben schon eine ganze Weile zurückliegen.

- Nehmen Sie an mehreren Stellen des Beetes eine Probe, um einen Durchschnittswert zu erhalten (→ Abb. 1–3).
- Legen Sie der Bodenprobe einen formlosen Untersuchungsauftrag bei, auf dem nochmals die Adresse, Umfang der Untersuchung und Art der Nutzung stehen (→ Abb. 4).
- Erkundigen Sie sich am besten vorab telefonisch über die entstehenden Kosten.

So versorgen Sie Ihre Vielfraße

Kompost ist ideal, um Prachtstauden und Sommerblumen mit den notwendigen Nährstoffen zu versorgen. Eine jährliche Gabe von 3 Litern pro m² im Frühjahr reicht aus, um den Boden ausreichend mit den Hauptnährstoffen, aber auch Magnesium, Kalk und vielen Spurenelementen zu versorgen.

- Was aber tun, wenn kein Kompost zur Verfügung steht?

- Zwischen Prachtstauden sorgt eine dünne Mulchschicht aus Grasschnitt oder Rindenmulch für Humus und Nährstoffe. Weitere Düngemaßnahmen sollten Sie nur auf Empfehlung des Bodenlabors vornehmen. In nährstoffreichen Lehmböden kann jede weitere Düngergabe bereits zu viel des Guten sein. Magere sandige Böden brauchen eventuell einen organischen Stickstoffdünger in Form von Hornmehl oder Hornspänen.
- Sommerblumen haben den größten Hunger unter den Gartenblumen. Hier kann eine Grund- und Folgedüngung entweder mit einem phosphatarmen Mineraldünger oder aber Hornmehl nötig sein.
- Kaiserkronen, Narzissen und großblumige Tulpen benötigen im Frühjahr einen schnell wirkenden mineralischen Stickstoffdünger, um den Nährstoff während der kurzen Vegetation in die Zwiebel einzulagern. Bei sehr kalkhaltigen Böden empfiehlt sich Ammoniumsulfat, bei eher saurem Boden Kalkammonsalpeter.

Arbeiten Sie sowohl Kompost als auch Dünger oberflächlich in den Boden ein.

> PRAXIS

Gartenblumen schneiden, stützen und schützen

Gießen, düngen und mulchen – oft reicht das nicht aus, um Gartenblumen zur vollen Schönheit zu verhelfen. Der fachgerechte Schnitt steht bei den weiteren Pflegemaßnahmen an erster Stelle.

Es gibt einige Gartenblumen, die brauchen überhaupt keine Pflege. Schneeglöckchen und Krokus, Waldsteinie und Purpurglöckchen, aber auch viele Steingartenstauden und Storchschnabelgewächse müssen nicht gedüngt, gewässert, geschnitten oder gestützt werden. Wenn Sie Ihren Arbeitsaufwand so weit wie möglich reduzieren möchten, sollten Sie zu solch pflegeleichten Gartenblumen greifen. Wenn Ihnen die Arbeit im Garten Freude

und Entspannung ist, dann greifen Sie ruhig zu pflegeintensiveren Gartenblumen.

Vergessen Sie die Schere nicht

Im Garten gibt es ständig etwas zu schneiden: hier ein umgeknickter Stängel, da ein krankes oder von Schädlingen befallenes Blatt, ein zu langer Trieb oder welke Blüten.
- Einige Stauden und Sommerblumen, z. B. Frauenmantel

und Akelei, samen sich stark aus. Wer das nicht mag, sollte welke Blüten gleich abschneiden (→ Abb. 1).
- Anderen Stauden wie Feinstrahl-Aster, Rittersporn und Steppen-Salbei verhilft ein kräftiger Rückschnitt nach der Blüte zu einem zweiten Flor (→ Abb. 2).
- Sommerblumen, Dahlien, aber auch Spornblume (*Centranthus ruber*) und Sonnenauge (*Heliopsis scabra*) blühen bis in den Herbst hinein, wenn Sie Abgeblühtes gleich entfernen.
- Einige Zweijährige wie Island-Mohn (*Papaver nudicaule*) oder Stockrosen überdauern weitere Jahre, wenn man sie durch Rückschnitt an der Samenbildung hindert.
- Bei Zwiebelblumen sollten Sie abgewelkte Blüten gleich abschneiden, damit die Kraft nicht in die Samenbildung, sondern in die Zwiebel geht.
- Viele Halbsträucher, wie Lavendel, Sonnenröschen oder Heiligenkraut (*Santolina chamaecyparissus*), bleiben durch einen Rückschnitt nach der Blüte kompakt und buschig.
- Spätestens im Frühjahr werden die meisten Stauden zurückgeschnitten (→ Abb. 3). Einige Stauden mit standfesten Blütenständen und Gräser zaubern attraktive Winterbilder.

Hilfreiche Stützen

Das Stützen der Stauden gehört eher zu den lästigeren Arbeiten. Fragen Sie daher in der Staudengärtnerei nach standfesten Arten und Sorten.

Praxisinfo

STAUDENSTÜTZEN EINMAL ANDERS

Es müssen nicht immer Kunststoff- oder Bambusstäbe sein, Staudenstützen können auch schön aussehen!
- Pfiffig und originell wirkt ein ausrangierter Weidenkorb ohne Boden. Senken Sie ihn 10 cm tief in die Erde ein und lassen ihn z. B. eine Pfingstrose stützen.
- Natürliches Material fügt sich gut ein: Ein kräftiger Eichenstab hält einen wetterfesten Stützring aus Manila-Rohr, der um die Pflanzen gelegt wird.

Wenn Ihre Prachtstauden beim geringsten Wind gleich umkippen, sollten Sie Ihre Düngegewohnheiten überprüfen. Vielleicht ist der Stickstoffgehalt des Bodens zu hoch (→ Seite 68/69). In regenreichen Gegenden werden Sie aber nicht umhin können, Prachtstauden mit großen, schweren Blüten zu stützen (→ Abb. 4), damit die Blüten bei Nässe nicht die ganze Blume zu Boden ziehen. Lange Stiele von Lilien, Dahlien und Gladiolen werden an Stützstäben festgebunden.

Winterschutz für empfindliche Pflanzen

Die meisten Gartenblumen kommen ohne Winterschutzmaßnahmen aus. Es gibt aber auch Ausnahmen:

■ Nach den ersten Frösten sollten Sie die Knollen von Dahlien, Gladiolen und Inkalilien ausgraben und in einem Gemisch aus Blumenerde und Sand kühl und frostfrei lagern. Achten Sie darauf, dass die Knollen nicht austrocknen.

■ In rauen Lagen und zum Schutz gegen Kahlfrost decken Sie Halbsträucher wie Thymian, Heiligenkraut und Sonnenröschen mit Tannenreisig ab.

■ Montbretien überwintern unter einer Laubdecke.

■ Pampasgras (*Cortaderia selloana*) verlangt etwas mehr Winterschutz (→ Abb. 5). Nehmen Sie alle Winterschutzmaßnahmen erst bei einsetzender, längerer Frostperiode vor, um die Stauden nicht zu frühzeitigem Austrieb anzuregen.

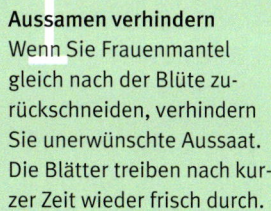

1 Aussamen verhindern
Wenn Sie Frauenmantel gleich nach der Blüte zurückschneiden, verhindern Sie unerwünschte Aussaat. Die Blätter treiben nach kurzer Zeit wieder frisch durch.

2 Zweite Blüte fördern
Schneiden Sie Stauden wie Steppen-Salbei am Ende der Blütezeit knapp über dem Erdboden zurück. Schon bald kündigen Knospen den zweiten Flor an.

3 Abgestorbenes entfernen
Viele Stauden sehen nach den ersten Nachtfrösten unansehnlich aus. Schneiden Sie die Stängel jetzt bis zum Boden zurück – das geht gut mit der Heckenschere.

4 Stauden stützen
Stecken Sie schon mit Beginn des Austriebs Stützringe um »fallsüchtige« Stauden. Bald sind die Stauden durchgewachsen, der Stützring ist nicht mehr zu sehen.

5 Pampasgras überwintern
Wenn Sie im Herbst das Gras zusammenbinden, kann Regenwasser im Winter ablaufen und dringt nicht in den Horst ein. Eine Laubschicht schützt zusätzlich.

So bleiben Ihre Garten-
blumen rundum gesund

Es gibt viele Möglichkeiten, Gartenblumen gesund zu halten, damit der Einsatz von Chemie selten nötig ist. Wenn Sie im Einklang mit der Natur arbeiten, haben Krankheiten und Schädlinge keine Chance.

Die Zeiten, als hochgiftige Pflanzenschutzmittel über den Ladentisch gingen, gehören längst der Vergangenheit an. Im Handel erhältlich sind jetzt vor allem biologische Produkte, die in der Regel für Mensch und Tier ungefährlich sind. Aber seien wir ehrlich: Die Mittel sind recht teuer und selten von durchschlagender Wirkung. Sie sollten also dafür sorgen, dass Ihre Gartenblumen gar nicht erst krank werden.

Vorbeugen ist besser als heilen!

Eine Pflanze, die sich an ihrem Standort (→ Seite 18–21) wohlfühlt, zeigt gesundes Wachstum und bietet Krankheiten und Schädlingen erfolgreich die Stirn.

Die richtige Sortenwahl

Ob eine Gartenblume gesund bleibt, darüber entscheidet vor allem auch die Sorte. Das gilt besonders für Prachtstauden, Sommerblumen und Zuchtsorten von Blumenzwiebeln. Ehrgeizige Züchter sind bestrebt, gesunde und vitale Sorten auszulesen. Sommerastern (*Callistephus chinensis*) z. B. sind empfindlich für die Asternwelke (→ Seite 76). Neue Sorten werden von dieser Krankheit kaum mehr befallen. Mehltau an Rittersporn – das muss nicht sein! Es gibt genug Sorten im Angebot, die dagegen resistent sind. Fragen Sie den Fachmann. Ihr Stauden-

und Zierpflanzengärtner weiß, welche Sorten besonders robust und gesund sind.

Gut gepflanzt

Bereits beim Pflanzen (→ Seite 46/47) können Sie die Weichen für gesundes Wachstum stellen.
■ Achten Sie auf günstige Pflanz- und Saattermine. Zu früh gesäte Sommerblumen z. B. kümmern von Anfang an und sind leichte Beute für diverse Schädlinge und Krankheitserreger.
■ Stellen Sie sicher, dass der Boden nicht verdichtet ist und das Wasser schnell abfließen kann (→ Seite 44/45). Staunässe macht fast alle Gartenblumen krank.
■ Geben Sie den Pflanzen genug Platz und achten Sie auf weite Pflanzabstände – das beugt Pilzerkrankungen vor.
■ Achten Sie auf den pH-Wert Ihres Bodens. Christrosen z. B. werden auf sauren Böden krank; Gartenlupinen (*Lupinus*-Hybriden) dagegen vertragen keinen Kalk.

Gut genährt – und trotzdem krank?

Man meint es gut, wässert und düngt seine Blumen kräftig – und trotzdem gedeihen sie nicht richtig. Was ist passiert?
■ Pfingstrosen z. B. reichen mit ihren langen Pfahlwurzeln bis in tiefere Erdschichten und holen sich hier Wasser und Nährstoffe. Wenn man sie zu viel gießt und düngt, werden sie anfällig für Grauschimmel (→ Seite 76).

Schnecken verkriechen sich gerne unter alten Brettern, wo Sie sie dann leicht absammeln können.

Verwenden Sie zum Abschneiden beschädigter oder kranker Pflanzenteile stets eine saubere und scharfe Gartenschere.

- Steppenpflanzen bekommt Humus und Kompost in jeder Form schlecht. Das organische Material speichert jede Menge Wasser und gibt kontinuierlich Nährstoffe ab. Dieses Überangebot macht die Steppenkinder krank, weil sie an magere steinige Böden gewöhnt sind. Ganz anders reagieren Prachtstauden und Sommerblumen auf Kompost: Besonders für die Gartenblumen des Lebensbereiches Beet ist Kompost ein wahres Lebenselixier. Eine gute Portion Nährstoffe, Dauerhumus und viele Spurenelemente fördern Wachstum und Vitalität mehr, als es irgendein Handelsdünger kann.

Nützlinge an die Front

Lassen Sie doch einfach nützliche Insekten wie Florfliegen, Laufkäfer, Marienkäfer, Ohrwürmer und Schlupfwespen für sich arbeiten. Sie vertilgen jede Menge Blattläuse, Milben und andere Schädlinge. Auch die verschiedenen Meisenarten und vor allem der Igel sind gute Insektenvertilger.

Wie das geht? Ganz einfach: Verzichten Sie ab sofort auf chemischen Pflanzenschutz und bieten Sie den nützlichen Helfern einen geeigneten Lebensraum in Ihrem Garten.

- Gebündelte Bambusstäbe, Lochziegelsteine, mit Holzwolle gefüllte Tontöpfe, angebohrte Holzstücke, Stein- und Reisighaufen locken Insekten an.
- Wildblumen-Ansaaten bieten Futter für Schlupfwespen und Florfliegen.
- Hängen Sie Nistkästen für Meisen auf. Eine Meise benötigt für sich und ihre Brut die unvorstellbare Zahl von 150 000 Insekten!
- Ein Laubhaufen in der Gartenecke schließlich dient dem Igel als Winterquartier. Dieser Insektenfresser ist ständig auf der Suche nach Essbarem. Zu seinen Leibspeisen zählen übrigens Schnecken – und wer mag die sonst schon?

Wehret den Anfängen

Gehen Sie mit offenen Augen, die Schere griffbereit, durch Ihren Garten. Sobald Sie an einer Pflanze Schädlinge oder kranke Blätter und Triebe entdecken, schneiden Sie diese sofort ab. Mit dieser »Maßnahme« verhindern Sie im günstigsten Fall, dass sich eine Krankheit oder Schädlingspopulation weiter ausbreitet. Werfen Sie die befallenen Triebe nicht auf den Kompost, sondern in die Hausmülltonne. Und desinfizieren Sie nach getaner Arbeit Ihre Schere. Hygiene ist auch oberstes Gebot bei der Pflanzenanzucht: Benutzen Sie ausschließlich sterile Erden, Gefäße und Werkzeuge bei der Vermehrung (→ Seite 82/83).

Im Krankheitsfall

Sollten Ihre Gartenblumen trotz aller Bemühungen doch einmal krank werden, sollten Sie sich fachlichen Rat holen. Der Kreisfachberater am Landratsamt, Mitarbeiter der Gartenakademien und Landwirtschaftsämter können in den meisten Fällen recht gute Diagnosen stellen.

- Bei einer Pilzerkrankung (→ Seite 76) stehen unter Umständen biologische Pflanzenschutzmittel zur Verfügung.
- Bei Infektionen durch Bakterien und Viren ist eine Behandlung nicht möglich. Reißen Sie die befallenen Pflanzen so schnell wie möglich aus und entsorgen Sie sie im Hausmüll, keinesfalls auf dem Kompost!

Häufige Schädlinge

AMEISEN

BLATTLÄUSE

BLATTWANZEN

Schadbild: Ameisen schaden nur durch ihre Wühltätigkeit, sie fressen aber weder Blätter noch Wurzeln
Vorbeugen: nicht möglich
Bekämpfen: umsiedeln (einen entsprechend großen Topf über das Nest stülpen und das Volk im Topf mit der Schaufel wegtragen); Backpulver über den Ameisenhaufen streuen; Fertigköder-Dosen (im Handel erhältlich) auslegen

Schadbild: Blätter und ganze Triebe verkrüppelt; klebriger, glänzender Belag, später schwarz durch aufsiedelnde Rußtaupilze
Vorbeugen: Nützlinge fördern (Insekten und Meisen), Pflanzen durch artgerechte Pflege stärken
Bekämpfen: befallene Blätter und Triebe immer sofort entfernen; Läuse immer wieder abstreifen; Produkte auf Kaliseifenbasis spritzen

Schadbild: zunächst gelbliche, dann braune Saugstellen an den Blättern; Blätter und Triebe verkrüppeln, Blütenknospen sind missgebildet
Vorbeugen: bei trocken-heißer Witterung Pflanzen abduschen
Bekämpfen: in den frühen Morgenstunden die Unterseiten der Blätter absuchen, die Blattwanzen sind dann noch unbeweglich und lassen sich leichter einsammeln

DICKMAULRÜSSLER

LILIENHÄHNCHEN

NARZISSENFLIEGE

Schadbild: U-förmiger Buchtenfraß an Blättern (Käfer), Welke durch Wurzelfraß (Larven)
Vorbeugen: schon beim Pflanzenkauf auf Fraßschaden achten
Bekämpfen: den dämmerungsaktiven Käfer mit der Taschenlampe suchen und absammeln; parasitäre Nematoden (im Handel erhältlich, Gebrauchsanweisung genau beachten) töten die Larven

Schadbild: Loch- und Randfraß an Blättern und Blütenknospen bereits ab April
Vorbeugen: regelmäßige Kontrolle der Zwiebelpflanzen
Bekämpfen: Käfer ablesen; Achtung: die Käfer lassen sich bei Berührung sofort fallen, evtl. vom Boden absammeln; Eier (länglich, anfangs rot gefärbt) und Larven (rötlich gelb, mit Kotschicht bedeckt) abstreifen

Schadbild: schwacher Austrieb mit verkräuselten, vergilbten Blättern; die Zwiebeln sind weich und faulig
Vorbeugen: beim Pflanzen auf feste Zwiebeln achten, befallene Zwiebeln lassen sich eindrücken
Bekämpfen: befallene Narzissenzwiebeln mitsamt der umgebenden Erde vernichten; an der gleichen Stelle vorerst keine neuen Zwiebelblumen mehr pflanzen

Häufige Schädlinge

RAUPEN

Schadbild: Löcher in Blättern bis zum völligen Kahlfraß; im Unterschied zu Schnecken keine Schleimspuren zu sehen
Vorbeugen: Eigelege auf den Blattunterseiten vernichten bzw. befallenes Blatt entfernen; natürliche Feinde (Meisen) im Garten fördern
Bekämpfen: Raupen regelmäßig absammeln; auf zugelassene Insektizide möglichst verzichten

SCHNECKEN

Schadbild: Loch- und Randfraß an Blättern und fleischigen Stängeln; silbrige Schleimspuren
Vorbeugen: nicht abends gießen; empfindliche Kulturen in Töpfen vorziehen und dann erst auspflanzen
Bekämpfen: frühmorgens oder abends absammeln; Schneckenzaun bauen; Schneckenkorn auf Eisen-Sulfat-Basis ausbringen; stets mehrere Maßnahmen kombinieren

SPINNMILBEN

Schadbild: zunächst helle Pünktchen auf den Blättern, dann vergilben die Blätter und fallen ab; zarte Gespinste an Blättern und Trieben
Vorbeugen: bei Trockenheit und Hitze empfindliche Pflanzen wässern; regelmäßig kontrollieren
Bekämpfen: befallene Blätter und Triebe bei Befallsbeginn abschneiden; evtl. mit Produkten auf Kaliseifenbasis spritzen

WEISSE FLIEGE

Schadbild: klebriger Belag auf den Blättern; Blätter vergilben; mottenartiges weißes Insekt findet sich nur auf der Blattunterseite, fliegt sofort auf, wenn man die Pflanze berührt
Vorbeugen: nicht möglich
Bekämpfen: Pflanzenschutzmittel auf Kaliseifenbasis spritzen, dabei vor allem die Blattunterseiten gut einsprühen; Behandlung öfter wiederholen

WÜHLMAUS

Schadbild: Fraßschäden an Wurzeln, Zwiebeln und Knollen; lockerer Erdboden über Gängen
Vorbeugen: Zwiebeln, Knollen und angefressene Stauden in Drahtkörben pflanzen (im Handel erhältlich); öfter auf Mauselöcher und Erdhaufen kontrollieren
Bekämpfen: Fallen aufstellen (Gebrauchsanweisung beachten); evtl. verschiedene Modelle ausprobieren

WURZELÄLCHEN

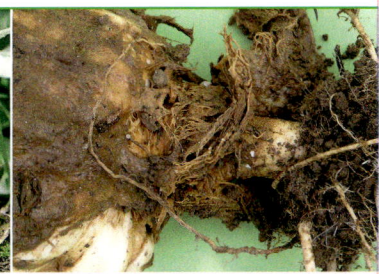

Schadbild: gesamte Pflanze kümmert, oft schon mit Beginn des Austriebs; an den Wurzeln zeigen sich stellenweise braune oder grauschwarze Verfärbungen
Vorbeugen: nicht möglich
Bekämpfen: nicht möglich; befallene Pflanze einschließlich der Wurzel entsorgen; Anbaupause am gleichen Ort von mindestens 3 Jahren, während dieser Zeit Tagetes einsäen

Pilzkrankheiten

ASTERNWELKE

Schadbild: einzelne Triebe oder die ganze Pflanze welken plötzlich trotz guter Wasserversorgung; die Blätter vergilben oder werden braun; die Stängel verfärben sich violett, braun oder schwarz und verfaulen
Vorbeugen: widerstandsfähige Sorten verwenden
Maßnahmen: erkrankte Pflanzen entsorgen, danach Anbaupause von mindestens 5 Jahren

BLATTFLECKEN

Schadbild: hellbraune, rundliche, bis 0,5 cm große Flecken mit undeutlich begrenzter Umrandung an Pfingstrosenblättern; Stängel oft auch mit kleinen braunroten Flecken
Vorbeugen: gut belüfteten Standort wählen; nach der Einwachsphase nicht gießen; nur wenig düngen
Maßnahmen: befallene Blätter sofort entfernen, sonst keine Maßnahmen nötig

ECHTER MEHLTAU

Schadbild: dünner, weißer Belag, meist auf der Oberseite der Blätter, wie mit Mehl bestäubt
Vorbeugen: sparsam düngen (Stickstoff); weite Pflanzabstände einhalten; robuste Sorten wählen; mehrmals vorbeugend mit Schwefelpräparaten spritzen
Maßnahmen: befallene Blätter und Pflanzenteile (bei häufigem Befall die ganze Pflanze) entsorgen

GRAUSCHIMMEL

Schadbild: grauer Schimmelrasen an jungen Trieben, Blättern, Blüten, Knospen, Zwiebeln und Knollen; Gewebe stirbt ab
Vorbeugen: widerstandsfähige Sorten wählen; sparsam düngen; nur im Wurzelbereich gießen; vorbeugend mit Fungiziden spritzen
Maßnahmen: befallene Teile abschneiden; bei starkem Befall die ganze Pflanze entsorgen

ROST

Schadbild: gelbliche bis rötlichbraune Flecken auf den Blättern; dunkelbraune Pusteln auf der Blattunterseite; Blätter vergilben und fallen ab
Vorbeugen: weite Pflanzabstände einhalten; gut durchlüfteten Standort wählen; vorbeugend mit Fungiziden behandeln
Maßnahmen: befallene Blätter sofort entfernen; bei ständigem Befall die ganze Pflanze entsorgen

ZWIEBELFÄULE

Schadbild: die oberirdischen Pflanzenteile bleiben klein und kümmern; die Zwiebel ist oft weich und rosa verfärbt; Wurzeln verfaulen; an den Zwiebelschalen graue, von dunkelbrauner Zone umgebene Faulstellen
Vorbeugen: beim Pflanzen auf gesunde Zwiebeln achten
Maßnahmen: befallene Zwiebelblumen entsorgen; Anbaupause von mindestens 5 Jahren

Pflegefehler

FROSTSCHADEN

Schadbild: während des Austriebs hängen die Triebspitzen nach Nachtfrösten herab, vergilben und werden schließlich braun
Vorbeugen: empfindliche Gartenblumen an einen geschützten Standort pflanzen; bei angekündigten Nachtfrösten mit Vlies oder Zeitungspapier leicht abdecken
Maßnahmen: erfrorene Triebspitzen gleich abschneiden

GEILWUCHS

Schadbild: lange dünne Triebe mit großen Abständen zwischen den Blattpaaren; die Triebe wachsen zum Licht; graulaubige Pflanzen vergrünen mit der Zeit
Vorbeugen: lichthungrige Pflanzen nicht in den Schatten setzen
Maßnahmen: vergeilte Pflanzen ausgraben, zurückschneiden und an einem hellen, sonnigen Platz einpflanzen

SONNENBRAND

Schadbild: helle, unregelmäßige Flecken, die sich später hellbraun färben; oft wird das ganze Blatt braun, rollt sich ein und fällt ab
Vorbeugen: sonnenempfindliche Pflanzen nicht der Mittagssonne aussetzen
Maßnahmen: Pflanze aus der Sonne stellen; bei starkem Sonnenbrand die Pflanze durch leichten Rückschnitt zu Neuaustrieb anregen

STAUNÄSSE

Schadbild: Blätter hellen auf und rollen sich ein, fallen schließlich ab; Wurzeln sind braun statt weißlich und manchmal verfault
Vorbeugen: für schnellen Wasserabzug im Boden sorgen; Dränage legen; in schwere Böden groben Sand und Splitt mischen
Maßnahmen: Pflanzen ausgraben, Wurzeln und Triebe zurückschneiden, in trockene Böden pflanzen

STICKSTOFFMANGEL

Schadbild: zuerst werden die älteren Blätter gelb, mit der Zeit vergilbt dann die ganze Pflanze; der Wuchs stockt; oft erscheinen schon vorzeitige Blüten
Vorbeugen: bei Pflanzen mit hohem Nährstoffbedarf mit Kompost und Hornspänen düngen – besonders vor dem Auftrag von Rindenmulch
Maßnahmen: flüssige Stickstoffdünger über das Blatt ausbringen

TROCKENSTRESS

Schadbild: die Blätter werden schlaff und fahl, vergilben und vertrocknen schließlich
Vorbeugen: Standortansprüche beachten; bei anhaltender Trockenheit durchdringend gießen
Maßnahmen: vertrocknete Pflanzenteile abschneiden, durchdringend wässern (mindestens 20 l/m²); Pflanze eventuell in schattigere, feuchtere Gartenecken umsetzen

> FRAGE & ANTWORT

Expertentipps rund um die Pflege

Die Pflege unserer Gartenblumen ist gar nicht schwer. Die meisten von ihnen sind ganz robuste und dankbare Geschöpfe. Mit ein bisschen Einfühlungsvermögen und der ständig wachsenden Erfahrung können Sie bald gießen, düngen, mulchen und schneiden wie ein Profi.

? Ich habe ein Beet am Hang mit Sommerblumen bepflanzt. Fast alles ist mir vertrocknet, weil das Gießwasser gleich wegläuft. Was kann ich da tun?

Wenn man einen Hang bepflanzt, sollte man zunächst für jede Pflanze eine Art »Miniterrasse« bauen, dann läuft das Regen- und Gießwasser nicht sofort ab. Wenn die Gartenblume in der Erde sitzt, formen Sie einen Gießrand um sie herum, der das abfließende Wasser zusätzlich aufhält. Ich muss aber zugeben, dass sich diese Gießränder, zumindest bei sandigen Böden, nach kurzer Zeit auflösen. Das geht bei Sommerblumen besonders schnell, weil sie sehr oft gegossen werden müssen. Ich rate Ihnen daher, den Hang im Herbst dauerhaft mit Stauden zu bepflanzen. Wählen Sie von vornherein Stauden, die mit längeren Trockenperioden gut zurechtkommen. Verfahren Sie beim Pflanzen wie oben beschrieben. Im Herbst gepflanzt und einmal durchdringend angegossen, wurzeln die Stauden schnell ein und brauchen im folgenden Jahr nur bei anhaltender Trockenheit gegossen zu werden. Um die Verdunstung zu reduzieren, können Sie mit Grasschnitt oder Rinde mulchen. Eine automatische Tropfbewässerung leistet am Hang übrigens auch gute Dienste.

? Muss ich meine Blumenbeete kalken? Und wenn ja, womit und wie viel?

Eine gute Frage, denn der Kalkgehalt des Bodens spielt eine wichtige Rolle bei der Versorgung der Pflanzen mit Nährstoffen und Spurenelementen. Die Antwort lautet: Es kommt vor allem auf die Bodenart an. Bei lehmigen oder gar tonigen Böden ist der anzustrebende pH-Wert (Säuregrad) viel höher als bei sandigen Böden, und es muss entsprechend mehr gekalkt werden. Eine Bodenprobe gibt Auskunft sowohl über die Bodenart als auch den pH-Wert Ihres Beetes. Und eine Empfehlung über Art und Menge des auszubringenden Kalkes gibt es gleich dazu. Lassen Sie Ihren Boden ungefähr alle drei Jahre überprüfen. Dann sind Sie auf der sicheren Seite – und wissen genau, wie viel Sie kalken und düngen müssen.

? Bisher habe ich meine Beete im Herbst immer umgegraben. Stimmt es, dass das gar nicht so gut ist?

Ja, das stimmt. Es sei denn, Sie haben einen ausgesprochen schweren Boden aus Lehm oder Ton. Aber selbst dann würde ich Ihnen das Umgraben nur für freie Flächen im Gemüsegarten oder als bodenvorbereitende Maßnahme vor Neupflanzungen empfehlen. Im Beet dagegen verletzen Sie beim herbstlichen Umgraben die Wurzeln der Pflanzen. Wenn Sie einen eher sandigen Boden haben, würde ich vom Umgraben grundsätzlich abraten. Er wird davon nicht besser, im Gegenteil.

Die fruchtbare, von Mikroorganismen besiedelte oberste Schicht wird zerstört, unbelebter Boden an die Oberfläche geholt. Viel besser ist es, freie Flächen mit einer Mischung aus Rasenschnitt und klein gemähtem Laub zu bedecken. Das lockt fleißige Helfer wie den Regenwurm an, die den Boden lockern, lüften und mit Dauerhumus anreichern.

? **In meinem Steingarten sind einige Polsterpflanzen sehr üppig geworden. Kann ich sie zurückschneiden?**

Wenn Polsterstauden sehr stark wachsen, ist unter Umständen das Nährstoffangebot zu hoch. Sie sollten auf gar keinen Fall Humus, Kompost oder gar Dünger zwischen den Stauden ausbringen. Auch die Erde sollte eher steinig, mager und sehr wasserdurchlässig sein. Dann behalten die Polster ihr kompaktes, gedrungenes Aussehen. Stauden wie Blaukissen, Polster-Phlox und Schleifenblume vertragen einen kräftigen Rückschnitt gleich nach der Blüte gut.

? **Woher weiß ich, dass der Kompost reif ist? Und wann bringe ich ihn am besten aus?**

Das ist einfach zu beantworten: In einem reifen Kompost haben die Regenwürmer nichts mehr zu tun und verschwinden. Die Abfälle sind bis auf Reste holziger Bestandteile zu dunklem, feinkrümeligem Humus abgebaut. Dieser Reifezustand ist in der Regel spätestens nach einem Jahr erreicht.
- Bringen Sie Kompost nur im Frühjahr und Sommer aus. Im Herbst und Winter stellen die Pflanzen das Wachstum ein und nehmen keine Nährstoffe auf. Es besteht die Gefahr, dass Nährstoffe ausgewaschen werden und ungenutzt ins Grundwasser gelangen. Im Frühjahr und Sommer dagegen sind die Mikroorganismen im Boden aktiv und setzen Nährstoffe frei, die die Pflanzen zum Wachstum brauchen.
- Geben Sie nie mehr als 3 Liter Kompost pro m^2 auf die Beete, sonst besteht die Gefahr der Überdüngung.
- Arbeiten Sie Kompost immer nur in die obersten Bodenschichten ein. In tieferen Schichten könnte der Kompost aufgrund von Sauerstoffmangel in Fäulnis übergehen.

? **Schnecken fressen mir die Gartenblumen weg. Selbst Bierfallen und Schneckenkorn helfen nicht. Haben Sie einen Rat?**

Ein Allheilmittel gegen Schnecken habe ich auch nicht. Aber doch ein paar Tipps:
- Pflanzen Sie statt Tagetes, Funkien, Astern und Dahlien unverdauliche Kost: Geranien, Bart-Nelken, Sonnenbraut und Lampenputzergras sind vor Schnecken ziemlich sicher.
- Zum Schneckenkorn: Wenn Sie ein Produkt auf Eisenphosphat-Basis (Ferramol) ausgebracht haben, kann die Dosierung zu niedrig gewesen sein. Eine Schnecke muss 20 Körner fressen, um daran zugrunde zu gehen.
- Wirksam sind Bierfallen nur, wenn man sie innerhalb eines Schneckenzauns eingräbt. Versuche haben gezeigt, dass man der Schneckenplage nur durch die Kombination mehrerer Methoden Herr wird, also z. B. Schneckenzaun und Schneckenkorn oder Schneckenkorn plus nächtliches Absammeln.

? **Ich habe eine angebrochene Flasche mit flüssigem Balkonblumendünger. Kann ich damit auch meine Gartenblumen düngen?**

Im Garten sollten Sie Flüssigdünger nur dann ausbringen, wenn die Pflanzen die darin enthaltenen Nährstoffe tatsächlich brauchen. Flüssigdünger enthalten in der Regel neben Stickstoff erhebliche Mengen an Kalium und Phosphor. Diese beiden Nährstoffe sind aber in den meisten Böden im Übermaß vorhanden. Eine Bodenprobe gibt Aufschluss über den Nährstoffvorrat in Ihrem Gartenboden.

? **Würden Sie Rasenschnitt als Mulchmaterial empfehlen? Holt man sich damit nicht viel Unkraut in die Beete?**

Ich habe mit Rasenschnitt als Mulchmaterial sehr gute Erfahrungen gemacht. Besonders auf offenem Boden in Neupflanzungen hält er die Feuchtigkeit in der Erde und lockt Regenwürmer und andere nützliche Bodentiere an. Die Mulchschicht sollte aber auf keinen Fall dicker als 3 cm sein, sonst entsteht Fäulnis. Lassen Sie das Mähgut erst abtrocknen, bevor Sie es ausbringen. Wenn der Rasen oft gemäht wird, finden sich auch keine Blüten und Saat von Unkräutern im Schnittgut, die dann im Beet aufkeimen und für Arbeit sorgen.

Gartenblumen selbst vermehren

Wollten Sie schon immer Ihre schönsten Gartenblumen selbst vermehren? Mit ein wenig fachlichem Wissen, der notwendigen Ausrüstung und etwas Geduld ist das keine Hexerei. Und es macht ganz einfach Spaß, den jungen Pflanzen beim Keimen und Wachsen zuzuschauen.

Gärtner unterscheiden zwei unterschiedliche Arten der Pflanzenvermehrung:

■ Bei der generativen (geschlechtlichen) Vermehrung durch Aussaat erbt die Jungpflanze Merkmale beider Elternteile, z. B. Blütenfarbe. Durch Aussaat gezogene Pflanzen unterscheiden sich oft erheblich von den Eltern.

■ Bei der vegetativen (ungeschlechtlichen) Vermehrung durch Stecklinge, Teilung, Risslinge, Brutzwiebeln oder Zwiebelschuppen entsteht eine Pflanze mit dem identischen Erbgut der Eltern.

Gut ausgerüstet

Damit die Vermehrung auch gut gelingt, sollten Sie die notwendigen Gerätschaften und Erden sorgfältig auswählen. Die Qualität des Anzuchtsubstrates ist entscheidend für ein gesundes Wachstum der zarten Pflänzchen (→ Seite 82/83). Ein Anzuchtgefäß mit passender Abdeckhaube beschleunigt die Bewurzelung der Stecklinge.

Die richtige Aussaat

Ein Samenkorn muss nur in die Erde, dann keimt es schon? Ganz so einfach ist es dann doch nicht. Ganz wichtig ist die Qualität des Saatgutes. Nur hochwertiger Samen bringt gesunde und schöne Pflanzen hervor (→ Seite 84/85). Manche Samen

mögen es hell, andere keimen nur im Dunkeln. Gleichmäßige Feuchtigkeit und Wärme sind nötig, damit ein Samen keimt.

Gesteckt, geteilt, geschnitten

Manche Pflanzen lassen sich durch Samen nicht oder nur schlecht vermehren. Bei Zwiebel- und Knollenblumen z. B. würde von der Saat bis zur blühfähigen Pflanze einfach zu viel Zeit vergehen. Hier nutzt man die vegetative Vermehrung durch Brutzwiebeln oder Zwiebelschuppen (→ Seite 86/87). Etliche Staudenpflanzen lassen sich problemlos durch Stecklinge und Wurzelschnittlinge vermehren, und vielen Stauden tut eine Verjüngungskur durch Teilung gut (→ Seite 88–91).

Richten Sie sich alle erforderlichen Materialien und Werkzeuge zum Vermehren griffbereit her, dann geht die Arbeit flott voran.

Was Sie zur Anzucht alles benötigen

Sie haben beschlossen, Ihre Gartenblumen selbst zu vermehren? Dann benötigen Sie entsprechende Anzuchtgefäße, passendes Substrat und das richtige Werkzeug. Im Fachhandel ist all dies erhältlich.

Die Zeiten, als der Gärtner sich seine Vermehrungserden selbst herstellte und in Holzkistchen füllte, gehören der Vergangenheit an. Heute hält der Fachhandel auch für den Hobbygärtner sehr gute Anzuchtsubstrate bereit. Sie entsprechen in der Regel allen Anforderungen, die an eine gute Vermehrungserde gestellt werden. Die Anzuchtgefäße beste-hen inzwischen überwiegend aus Kunststoff und sind in Form und Funktion sehr gut für die Vermehrung unserer Gartenblumen geeignet.

Das richtige Substrat

Die erfolgreiche Vermehrung steht und fällt mit der Qualität des Anzuchtsubstrates.

■ Sämlinge, Stecklinge und Brutzwiebeln sind besonders anfällig für Krankheiten. Daher steht die Keimfreiheit des Substrates an erster Stelle.
■ Die Vermehrungserde soll nährstoffarm sein. Das Samenkorn liefert dem Keimling zunächst alle Nährstoffe, die er braucht. Stecklinge oder Zwiebelschuppen haben noch keine Wurzeln, mit denen sie Nährstoffe aufnehmen können. Ein zu gehaltvolles Substrat führt daher schnell zur Fäulnis. Wenn es zur Bewurzelung kommt, haben es die Pflänzchen in einem nährstoffreichen Substrat nicht nötig, viele Wurzeln auszubilden. In einer mageren Erde dagegen müssen sie sich anstrengen und auf der Suche nach Nahrung sehr viele Wurzeln ausbilden – und diese wiederum sorgen in der Weiterkultur für ein flottes und gesundes Wachstum.
■ Die Anzuchterde sollte ein hohes Porenvolumen haben, d. h., der Anteil der mit Luft bzw. Wasser gefüllten Hohlräume (Poren) sollte möglichst groß sein. Vor allem grobe Poren füllen sich, wenn das Gießwasser abgeflossen ist, gleich wieder mit Luft. Das ist besonders bei der Stecklingsvermehrung ganz wichtig: Eine vernässte Erde führt schnell zu Fäulnis an der Schnittstelle.
■ Und schließlich sollte das Substrat eine besonders feine Struktur haben, damit die zarten Keimlinge sie leicht durchdringen können.

Anzuchtsubstrat selbst herstellen oder kaufen?

Eine optimale Vermehrungserde selbst herzustellen ist umständlich und führt nicht immer zum erwünschten Erfolg. Greifen Sie lieber zu fertigen Erden, seien Sie aber bei der Auswahl der Produkte wählerisch. Fragen Sie beim Gärtner oder im Fachhandel nach dem Torfkultursubstrat TKS 1 oder der Einheitserde VM. Beide Erden sind industriell hergestellt, keimfrei und in ihrer Zusammensetzung optimal auf die Bedürfnisse von Stecklingen und Sämlingen eingestellt. Auch Zwiebelschuppen, Wurzelschnittlinge und Risslinge lassen sich in dieser Erde sehr gut zur Bewurzelung bringen.

Zur Aussaat eignen sich Anzuchtschalen, Tontöpfe und -schalen, Jiffy-Pots oder Torfquelltöpfe.

Sie müssen sich nicht unbedingt spezielle Anzuchtgefäße kaufen, es eignen sich auch gut ausgespülte und gesäuberte Joghurtbecher oder Topfpaletten. Bei der Anzuchterde dürfen Sie jedoch nicht sparen!

Das richtige Gefäß

Der Handel bietet für die Vermehrung eine Vielzahl geeigneter Gefäße aus verschiedenen Materialien in vielen Größen und Formen an.

Sie können aber auch gut ausgewaschene Obstbehälter aus Plastik, Joghurtbecher oder sonstige Kunststoffbehältnisse verwenden. Ganz wichtig sind ausreichend große Wasserabzugslöcher, damit das Gießwasser schnell abfließen kann.

■ Wenn Sie oft aussäen oder Stecklinge machen, sollten Sie sich eine Anzuchtschale mit passender Abdeckhaube zulegen. Die Haube hält die Feuch-tigkeit und sorgt für »gespannte Luft«, die die Keimung und Bewurzelung fördert.

■ Ich benutze für Aussaat und Stecklinge gerne Multitopfplatten. Hier steht jeder Pflanze ein abgegrenzter Raum zur Verfügung. Wenn die Jungpflanze durchgewurzelt ist, lässt sie sich ganz leicht herausnehmen, ohne dass die zarten Wurzeln verletzt werden. So wächst sie im größeren Topf sofort weiter.

■ Praktisch sind auch Torfquelltöpfe oder Jiffy-Pots. Sie eignen sich besonders gut zur Direktsaat größerer Samenkörner z. B. von Sonnenblumen und Tagetes und für Stecklinge.

Aufgrund ihres hohen Torfanteils lassen sich einmal ausgetrocknete Jiffy-Pots nur schwer wieder befeuchten. Stellen Sie deshalb mehrere zusammen in ein größeres Gefäß mit Wasserabzug und kontrollieren Sie regelmäßig die Feuchtigkeit. Sobald der Ballen gut durchwurzelt ist, werden die Jungpflanzen mitsamt Topf in größere Gefäße umgetopft – ganz ohne Umpflanzschock, da die Wurzeln intakt bleiben. Stark verwurzelte Ballen vor dem Umtopfen mit einem scharfen Messer seitlich einritzen – das erleichtert die Bildung neuer Wurzeln.

> PRAXIS

Gartenblumen aus eigener Anzucht

Wer selbst sät, erlebt mit Spannung, wie nach Tagen und Wochen die ersten Keimlinge aus der Erde spitzen. Und er kann den zarten Pflänzchen aus nächster Nähe beim Wachsen zusehen.

GARTENBLUMEN AUSSÄEN

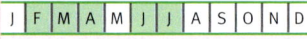

| J | F | M | A | M | J | J | A | S | O | N | D |

Zeitbedarf:
- 5–10 Min. pro Pflanze

Material:
- Blumensamen
- Anzuchterde, feiner Sand

Werkzeug, Zubehör:
- Anzuchtgefäße, Multitopfplatten, Abdeckhaube oder durchsichtige Folie, Brettchen zum Andrücken
- Gießkanne mit feiner Brause
- Etiketten, wasserfester Stift

Früher oder später kommt jeder in Versuchung, greift im Gartencenter nach den bunten Saattütchen oder bestellt aus dem verlockenden Angebot des Samenfachhandels. Selbst auszusäen ist die beste und preiswerteste Methode, eine möglichst große Vielfalt an Blumen für den Garten heranzuziehen.

Das A und O: Qualitätssaatgut

»Wie die Saat, so die Ernte.« Diese alte Gärtnerweisheit ist nach wie vor aktuell. Denn nur hochwertiges Saatgut bringt gesunde und schöne Pflanzen hervor. Kaufen Sie Ihre Sämereien daher am besten im Gartenfachhandel oder per Versand bei einer anerkannten Saatgutfirma (→ Seite 126). Kennzeichen für Qualitätssaatgut sind:
- **Keimschutzverpackungen:** Das sind mit Aluminium verstärkte Kunststoffbeutelchen, die Sie beim Öffnen in der Papiersamentüte finden. Diese Beutel sind absolut dicht und halten das empfindliche Saatgut frisch. Ist der Beutel einmal geöffnet, sollten Sie den Samen bald aufbrauchen.
- **Abfüll- und Haltbarkeitsdatum auf der Samentüte:** Diese beiden Angaben geben Ihnen die Gewähr, dass der Samen auch tatsächlich frisch ist.
- **Alle notwendigen Informationen zum Saatgut:** Beim Qualitätssaatgut finden Sie auf der Rückseite der Samentüte alle notwendigen Angaben, die Sie für eine erfolgreiche Aussaat benötigen. Das sind Aussaattermin, Keimtemperatur, Saattiefe, Saatabstand und Standortanspruch.

Keimbedingungen

Bei der Aussaat spielen die Keimbedingungen – die ganz verschieden sein können – eine entscheidende Rolle.

Dunkel- oder Lichtkeimer?

Die meisten Gartenblumen finden in feuchter und dunkler Umgebung die besten Keimbedingungen. Sie gelten als Dunkelkeimer und müssen daher bei der Aussaat mit Erde bedeckt werden. Die Erdschicht sollte ungefähr so dick wie das Saatgut sein. Wenn auf der Samentüte nichts anderes vermerkt ist, handelt es sich stets um einen Dunkelkeimer. Es gibt aber auch Pflanzen, die brauchen neben Wasser, Wärme und Sauerstoff auch Licht zum Auskeimen. Man spricht hier von so genannten Lichtkeimern. Sie dürfen nicht oder nur ganz dünn mit Erde bedeckt werden. Wenn es sich bei der Saat um Lichtkeimer handelt, finden Sie einen entsprechenden Vermerk auf der Tüte.

Kälte zum Auskeimen?

Einige Stauden, meist alpiner Herkunft, keimen nur nach einer mehrwöchigen Kältephase. Sie werden im Herbst ausgesät. Die Saatgefäße bewahrt man im Freien auf.

Richtig aussäen

- Füllen Sie das Aussaatgefäß mit Aussaaterde, die Sie mit einem Holzbrettchen leicht andrücken. Achten Sie besonders auf die Ränder und Ecken. Verwenden Sie für große Samen Multitopfplatten (→ Abb. 1) oder Torfquelltöpfe, für kleine Samen flache Schalen.
- Verteilen Sie die Samen möglichst gleichmäßig und nicht zu dicht auf der Erde. Sehr feine Samenkörner mit feinem Quarzsand mischen und dann breitwürfig aussäen.
- Zum Schluss die Samen leicht andrücken (→ Abb. 2). Dunkelkeimer mit Erde oder Sand abdecken (→ Abb. 3). Sieben Sie die Erde am besten über die Samen. Grobe Erdkrümel könnten sonst verhindern, dass feine Samen an die Oberfläche durchdringen.
- Gießen Sie die Aussaat gut an (→ Abb. 4). Versehen Sie sie mit Pflanzenname und Aussaattermin. Decken Sie dann das Gefäß mit durchsichtiger Folie oder einer Haube ab.
- Achten Sie bis zum Auskeimen auf gleichmäßige Feuchtigkeit. Eine Temperatur von 18–25 °C ist für viele Pflanzen keimfördernd. Nach der Keimung wird die Temperatur auf 15–18 °C gesenkt.

1 Aussaat in Multitopfplatten

Für große Samen eignen sich Multitopfplatten. In jedes zu 2/3 mit Erde gefüllte »Abteil« kommt ein Samenkorn. So können sich die Pflänzchen gut entwickeln und Sie sparen sich das Vereinzeln.

2 Samen andrücken

Mit einer zweiten Multitopfplatte lassen sich die Samen schnell und vor allem gleichmäßig in die Erde drücken. Sie können aber auch einen Holzklotz oder die Finger zu Hilfe nehmen.

3 Dunkelkeimer abdecken

Bedecken Sie die Samen ca. 1 cm hoch mit Sand oder Erde. Bei großen Samen kann man den Sand mit der Hand streuen, bei feinen Samen benutzt man ein Sieb.

Saatgut feucht halten

Gießen Sie die Aussaat mehrmals kurz hintereinander an. Benutzen Sie eine kleine Gießkanne mit feiner Brause, damit der Sand nicht weggeschwemmt wird.

4

> PRAXIS

Knollen und Zwiebeln in Hülle und Fülle

Zarte Blüten, überschäumende Farbenpracht, grafische Formen: Blumenzwiebeln und Knollen sind überaus reizvolle Gartenblumen. Von diesen Schönheiten kann man gar nicht genug haben.

Es ist gar nicht so schwer, Zwiebeln und Knollen zu vermehren. Sie sollten nur wissen, welche Vermehrungsart für welche Zwiebel- oder Knollenpflanze die beste ist. Hier die wichtigsten Vermehrungsarten.

Dahlien vermehren

Dahlien sind ein sommerlicher Blütentraum. Wenn Sie von einer besonders attraktiven Sorte mehr haben möchten, gibt es zwei Methoden der Vermehrung: das Teilen der Knolle (→ Abb. 1) – auf diese Weise haben Sie zu große Knollen auch gleich verjüngt – und die Vermehrung über Stecklinge.

■ Pflanzen Sie die Knollen im Februar einzeln in Töpfe. Der Wurzelhals sollte freiliegen.
■ Stellen Sie die Töpfe bei Zimmertemperatur an einen hellen Platz am Fenster.
■ Bald wachsen die jungen Triebe ans Licht. Schneiden Sie sie bei einer Länge von ca. 5 cm am Grund ab, und verfahren Sie dann so weiter, wie bei der Stecklingsvermehrung (→ Seite 88) beschrieben.
■ Wenn die Stecklinge Wurzeln gebildet haben, setzen Sie die Jungpflanzen zunächst am besten in Töpfe mit Blumenerde. Jetzt schon in die Beete ausgepflanzt, könnten Schnecken sonst Ihre viele Arbeit zunichtemachen. Ab Mitte Juni kommen die inzwischen großen Dahlien dann ins Beet.

Brutzwiebeln und Brutknollen

Krokus, Gladiolen, Montbretien, Tulpen oder Zierlauch – alle bilden Brutzwiebeln bzw. -knollen, mit denen sie schnell und einfach vermehrt werden können. Die Pflanzen erreichen bereits nach 2 Jahren die Blühreife. Sämlinge brauchen dafür mindestens 4 Jahre. Der beste Zeitpunkt zum Abnehmen der Brutzwiebeln und -knollen ist nach der Blüte. Warten Sie bei den Frühjahrs-blühern ab, bis das Laub vergilbt ist. Bei nicht oder nur bedingt winterharten Knollen wie Gladiolen oder Montbretien nehmen Sie die Brutknollen vor dem Einwintern von der Mutterknolle ab und lagern Sie wie die Mutterknollen kühl und dunkel. Im Frühjahr können Sie die Knöllchen dann in Töpfe stecken und antreiben.

■ Holen Sie mit der Grabegabel vorsichtig die Mutterzwiebeln aus der Erde und trennen Sie die Brutzwiebeln behutsam ab. Verwenden Sie nur große und unbeschädigte Brutzwiebeln zur Vermehrung.
■ Stecken Sie 3–4 Brutzwiebeln zusammen in einen Topf mit Anzuchterde (→ Abb. 2).
■ Die Töpfe können nun an einer halbschattigen Stelle im

Dahlienknollen teilen 1
Bester Zeitpunkt zum Teilen ist Anfang Mai vor dem Auspflanzen – die Triebknospen sind jetzt gut zu sehen. Jedes Teilstück sollte einen Stängel mit gut ausgebildeten Knospen haben.

Gartenboden eingesenkt werden. Nach einem Jahr sind die kleinen Zwiebeln und Knollen groß genug, um ausgepflanzt zu werden. Und ein weiteres Jahr darauf blühen sie bereits.

Narzissen verjüngen

Narzissenzwiebeln bilden im Lauf der Jahre immer mehr Tochterzwiebeln, die so genannten »Nasen«. Wenn die Zahl der Nasen auf ein Vielfaches angewachsen ist, lässt die Blüte nach – jetzt ist es an der Zeit, die Tochterzwiebeln abzunehmen. Dazu wird der ganze Narzissenhorst nach dem Vergilben der Blätter ausgegraben, geteilt (→ Abb. 3) und die Einzelstücke an einem anderen Platz wieder gepflanzt.

Spezialfall Lilie

Lilien lassen sich durch Zwiebelschuppen vermehren (→ Abb. 4). Wenn die Blütenstängel eingetrocknet sind, graben Sie die Zwiebeln aus, nehmen einige der äußeren, kräftigen Schuppen ab und pflanzen die Mutterzwiebel gleich wieder ein. Stecken Sie die Zwiebelschuppen in Töpfe mit Anzuchtsubstrat und stellen diese an einen warmen (18–20 °C) Ort. Nach 4–6 Wochen haben sich kleine Brutzwiebeln am Fuß der Schuppen gebildet. Jetzt stellt man die Zwiebeln frostfrei, aber kühl auf. Haben sie die Größe einer Haselnuss erreicht, können die Zwiebelchen gepflanzt werden. Zur Blüte kommen sie frühestens nach drei Jahren.

Alpenveilchen aussäen

Durch gezielte Aussaat können Sie Ihren Alpenveilchenbestand schneller vergrößern. Das geht ganz einfach:
■ Nehmen Sie die rundlichen, rotbraunen Samenkapseln, die an den spiralig aufgerollten Blütenstielen stehen, ab und warten Sie, bis sie aufspringen und den Samen freigeben.
■ Alpenveilchen sind Dunkelkeimer (→ Seite 84). Die Samen müssen also mit Erde bedeckt werden.
■ Lassen Sie die Saatgefäße im Freien stehen, bis sich die ersten Sämlinge zeigen.
■ Die Sämlinge werden dann in Töpfe vereinzelt und bei entsprechender Größe schließlich ausgepflanzt.

Brutzwiebeln abnehmen
Legen Sie die Brutzwiebeln in die mit Anzuchtsubstrat gefüllten Töpfe und drücken Sie sie fest an. Füllen Sie dann doppelt so viel Erde auf, wie die Zwiebelchen dick sind. Einmal kurz angießen. Etikett nicht vergessen!

Narzissenhorste teilen
Narzissenhorste lassen sich ganz leicht teilen: Entfernen Sie die Reste von vergilbten Blättern und ziehen Sie die Zwiebeln vorsichtig auseinander. Pflanzen Sie die Einzelstücke dann ca. 10 cm tief in die Erde ein.

Lilien vermehren
Drücken Sie die Zwiebelschuppen ungefähr bis zur Hälfte in die Erde. Es hat sich bewährt, die Bruchstellen zuvor mit Aktivkohle aus der Apotheke zu bestäuben. Das verhindert, dass die Zwiebelschuppen faulen.

> PRAXIS

So erhalten Sie identische Tochterpflanzen

Ihr Nachbar möchte unbedingt einen Ableger von Ihrer tollen Mohnsorte? Schenken Sie ihm ein Exemplar, selbst gezogen aus Wurzelschnittlingen. Das ist überhaupt keine Hexerei!

VERMEHRUNG DURCH STECKLINGE

J F **M A M J J A S** O N D

Zeitbedarf:

- 10–15 Min. pro Steckling

Material:

- Stecklinge
- Anzuchterde

Werkzeug, Zubehör:

- scharfes Messer, Holzstäbchen, Etiketten, wasserfester Stift
- Anzuchtgefäße
- kleine Gießkanne

Der Gärtner kennt verschiedene Methoden, um Sorten von Gartenblumen auf ungeschlechtliche Art und Weise zu vermehren: Stecklinge, Risslinge, Wurzelschnittlinge und geteilte Pflanzen haben die identischen Eigenschaften wie die Mutterpflanze. Die ungeschlechtliche Vermehrung ist aber auch dann nötig, wenn Pflanzen keinen Samen ansetzen, z. B. bei Sorten mit gefüllten Blüten.

Vermehrung durch Stecklinge

Ein Steckling ist ein Teil einer belaubten Pflanze, der Wurzeln bildet und dann zu einer neuen identischen Pflanze heranwächst. Zur Stecklingsvermehrung eignen sich bei den Gartenblumen je nach Art Triebspitzen (Kopfstecklinge) und Sprossteile (Triebstecklinge). Die meisten Pflanzen werden in der Regel durch Kopfstecklinge vermehrt. Sie können aber auch Triebstecklinge abschneiden, sie bewurzeln sich ebenso gut.

Der Steckling ist je nach Pflanzenart zwischen 3 und 10 cm lang. Wichtiger als seine Länge ist jedoch die weitere Behandlung des Stecklings.

Kopfstecklinge schneiden

Stauden und Sommerblumen wie Geranien (→ Abb. 1–3) werden meist durch Kopfstecklinge vermehrt.

- Schneiden Sie die Kopfstecklinge nur von gesunden, jungen Mutterpflanzen (→ Abb. 1). Sie sollten sich möglichst nicht in Blüte befinden.
- Richten Sie sich vor dem Stecklingsschneiden schon die Anzuchtgefäße her, damit die Stecklinge nach dem Schnitt gleich in die Erde kommen und nicht an der Luft herumliegen. Gut geeignet sind Torfanzuchttöpfe (Jiffy-Pots), Multitopfplatten, aber auch kleine Tontöpfe. Füllen Sie die Töpfe mit Anzuchterde, drücken sie leicht an und brausen einmal mit der Gießkanne darüber, damit sich die Erde setzt. Noch einfacher, aber etwas teurer, ist das Einpflanzen in Torfquelltöpfe (→ Abb. 2).
- Benutzen Sie zum Schneiden ein scharfes, desinfiziertes Messer. Führen Sie den Schnitt waagerecht aus, so dass die Schnittstelle möglichst klein ist und schnell verheilt. Bei Triebstecklingen sollten Sie das obere Ende schräg abschneiden, damit Sie beim Stecken oben und unten nicht verwechseln.
- Entfernen Sie die unteren Blätter, damit sie später in der Erde nicht faulen. Auch Blütenknospen müssen entfernt werden, damit die Kraft des Stecklings nicht in die Blüte, sondern in die Wurzel geht.
- Schneiden Sie immer nur ein paar Stecklinge, sonst trocknen die Schnittstellen aus.

1 Stecklinge schneiden

Schneiden Sie von Ihrer Geranie eine kräftige und gesunde Trieb-spitze von 7–10 cm Länge ab. Führen Sie den Schnitt ca. 5 mm unterhalb eines Blattknotens durch – an dieser Stelle bilden sich bevorzugt neue Wurzeln.

2 Für guten Halt sorgen

Bohren Sie mit einem dünnen Hölzchen ein Loch in die Anzucht-erde und stecken den Steckling 2–3 cm tief hinein. Sollte er noch wackeln, drücken Sie die Erde vor-sichtig mit den Fingerspitzen oder einem Holzstäbchen an.

3 Luftfeuchtigkeit ist wichtig

Sorgen Sie bis zur Bewurzelung der Stecklinge für eine hohe Luft-feuchtigkeit. Stülpen Sie dazu eine durchsichtige Haube über das Anzuchtgefäß und sprühen Sie den Steckling öfter mit hand-warmem Wasser an.

■ Die Stecklinge sollten fest, aber nicht zu tief gesteckt wer-den. In der obersten Erdschicht ist die Durchlüftung am bes-ten, d. h., die Schnittstelle des Stecklings kann am besten mit Sauerstoff versorgt werden, und das fördert die Wurzelbildung.

■ Gießen Sie die Stecklinge vorsichtig mit einem dünnen Strahl im unteren Bereich an.

■ Decken Sie die Töpfe mit einer Haube ab (→ Abb. 3). Platzsparender ist es, wenn Sie mehrere Töpfe in einer Schale zusammenstellen und gemein-sam abdecken.

■ Stellen Sie die Stecklinge an einen hellen, warmen Platz. Vermeiden Sie jedoch direktes Sonnenlicht, vor allem mittags! Bei Bodentemperaturen von 20–22 °C bilden die Stecklinge am schnellsten Wurzeln aus.

■ Sorgen Sie bis zur Bewurze-lung der Stecklinge für eine hohe Luftfeuchtigkeit, die die Verdunstung der Stecklinge herabsetzt. Am besten sprühen Sie die Stecklinge öfter mit einer Sprühflasche an. Mit dem Gießen sollten Sie sehr vor-sichtig sein. Schnell ist das Substrat zu nass, und die Steck-linge faulen.

■ Wenn die ersten kleinen Blättchen wachsen, hat die Wurzelbildung eingesetzt. Jetzt sollte immer öfter gelüftet und auch gegossen werden.

Stauden teilen

Beim Teilen von Stauden gilt die folgende Faustregel: Stauden, die im Sommer und Herbst blühen, werden mit Be-ginn des Austriebs im Frühjahr geteilt. Frühjahrsblüher wie Primeln, aber auch die früh-sommerblühende Bart-Iris las-sen sich mit Erfolg nach der Blüte verjüngen.

Teilen – nicht nur zu Vermehrungszwecken

Eine große Zahl von Stauden müssen Sie sogar teilen, um sie nicht zu verlieren. Bei Astern, Feinstrahl-Astern, Phlox, Pur-purglöckchen und Sonnenhut z. B. liegt die optimale Wachs-tumszeit zwischen 4 und 8 Jah-ren. Danach lässt ihre Vitalität nach. Sie erkennen das daran, dass sie nicht mehr so üppig blühen, oft verkahlt auch die Mitte. Höchste Zeit für eine Verjüngungskur durch Teilen. Auch bei Umpflanzaktionen ist Teilen angesagt. Eingewachsene Stauden im Garten sollten vor dem Umpflanzen immer geteilt werden. Ungeteilt kümmern sie am neuen Platz und gehen schließlich ein. Es gibt übrigens auch Stauden, die jedes Jahr schöner werden und in ihrer Vitalität nicht nachlassen. Wollen Sie sich Arbeit im Garten sparen, dann greifen Sie auf diese Gruppe zurück. Hierzu gehören z. B. Christrosen, Eisenhut, Funkien, Pfingstrosen und Taglilien.

Einige Stauden wie Brennende Liebe (*Lychnis chalcedonica*), Edeldistel, Lupinen (*Lupinus polyphyllus*), Schleierkraut und Skabiosen (*Scabiosa caucasica*) lassen sich nicht teilen. Sie werden durch Stecklinge, Aussaat oder Wurzelschnittlinge (→ Seite 91) vermehrt.

So teilen Sie richtig

▪ Graben Sie zum Teilen die Stauden aus, und schütteln oder waschen Sie die anhängende Erde aus, bis die Triebknospen freiliegen.

▪ Teilen Sie die Stauden in faustgroße Stücke und kürzen Sie die Wurzeln auf Handlänge ein (→ Abb. 1). Ausnahme: Stauden mit langen fleischigen Wurzeln wie Pfingstrosen. Manche Stauden wie Kissen-Astern oder Eisenhut können Sie bequem mit der Hand in Stücke teilen. Bei Funkien oder Pfingstrosen sollten Sie eine Gärtnerhippe zu Hilfe nehmen. Bei Taglilien stechen Sie die Zinken zweier Grabegabeln ineinander verschränkt in den Horst. Wenn Sie dann die Stiele auseinanderdrücken, teilt sich die Pflanze fast von selbst. Der Kraftaufwand ist minimal, und die Pflanze teilt sich ideal an den Sollbruchstellen. Zum Teilen der festen Horste vom Chinaschilf brauchen Sie einen scharfen Spaten.

▪ Stehen die Stauden noch im Laub, dann kürzen Sie auch die Blätter um ein Drittel ein, das reduziert die Verdunstung. Entfernen Sie aber auf gar keinen Fall alle Blätter, sonst brauchen die Teilstücke sehr lange zum Austreiben.

▪ Pflanzen Sie die Teilstücke an einen anderen Platz, als sie vorher standen. Einseitige Nährstoffaufnahme, Schadorganismen und auch bestimmte Ausscheidungen der Pflanzen

Iris teilen
Die Rhizome der Hohen Bart-Iris können Sie leicht mit der Hand teilen und auseinanderziehen. Der beste Zeitpunkt ist gleich nach der Blüte (je nach Sorte Juli bis August). Kürzen Sie Laub und Wurzel etwa handbreit ein.

Wurzelschnittlinge stecken
Legen Sie die Schnittlinge senkrecht oder schräg in einen Graben, und zwar so, dass die obere Schnittfläche nach Zufüllen des Grabens ca. 1 cm mit Erde bedeckt ist. Der nächste Graben folgt in ca. 5 cm Abstand.

Risslinge einsetzen
Bohren Sie mit dem Pikierholz ein Loch ins Anzuchtsubstrat. Setzen Sie den Rissling da hinein und drücken ihn – ebenfalls mit dem Pikierholz – gut an. Die Wurzeln sollten rundherum guten Erdschluss haben.

führen zu einer gewissen Bodenmüdigkeit, die die junge Pflanze im Wachstum hemmt.
▪ Beachten Sie bei Pfingstrosen und Hohen Bart-Iris die Pflanztiefe. Die Knospen der Pfingstrosen sollten knapp unter der Erde liegen. Werden sie zu tief gepflanzt, blühen sie nicht. Die Rhizome der Bart-Iris müssen über der Erde liegen, sonst faulen sie.

Wurzelschnittlinge

Wurzelschnittlinge gewinnt man aus den Hauptwurzeln der Mutterpflanze. Edeldistel, Herbst-Anemonen, Kaukasus-Vergissmeinnicht und Türkenmohn lassen sich gut durch Wurzelschnittlinge vermehren. Die beste Zeit dafür ist in der Ruheperiode der Stauden im Spätwinter. Bevor die Schnittlinge austreiben, haben sich bereits neue Wurzeln gebildet, die die jungen Triebe ernähren können. Sie können aber auch nach der Blüte Wurzelschnittlinge machen und stecken.
▪ Füllen Sie eine Kiste oder Schale mit Vermehrungssubstrat und drücken es sorgfältig mit der Hand an. Achten Sie auf die Ecken und Ränder!
▪ Graben Sie die Mutterpflanzen aus (im Winter frostfreies Wetter abwarten) und schütteln oder spülen Sie die Erde von den Wurzeln ab.
▪ Schneiden Sie nun die Wurzeln – möglichst lang – von der Mutterpflanze ab und legen Sie sie nebeneinander in eine flache Kiste oder Schachtel.

▪ Schneiden Sie dann von diesen Wurzeln ca. 5 cm lange Stücke ab (Schnittlinge).
▪ Damit Sie oben und unten nicht verwechseln, sollten Sie die obere Schnittfläche gerade, die untere schräg schneiden. Bei einigen Stauden müssen die Wurzelstücke nämlich unbedingt in der bisherigen Wuchsrichtung in die Erde gesteckt werden. Kommen sie falsch herum – also mit dem Kopf nach unten – in die Erde, dann treiben sie schlecht oder gar nicht aus. Das gilt vor allem für den Türkenmohn und die Edeldistel.
▪ Wenn genügend Schnittlinge bereitliegen, ziehen Sie mit einem Holzbrettchen einen möglichst senkrechten Graben in das Vermehrungssubstrat. In diesen Graben werden nun die Schnittlinge gelegt (→ Abb. 2). Bei Herbst-Anemonen legt man die Schnittlinge nicht in Gräben, sondern flach nebeneinander in die Kiste und deckt sie mit einer ca. 1 cm dicken Erdschicht ab.
▪ Zum Schluss das Substrat gut gießen und die Anzucht etikettieren.
▪ Bei der Wintervermehrung kommt die Kiste an einen frostfreien, dunklen Platz und wird zunächst nicht mehr gegossen. Sobald sich die ersten Sprosstriebe zeigen, wird die Vermehrungskiste hell gestellt. Mit zunehmendem Wachstum muss nun auch ab und zu gegossen werden.
Im Sommer sollten Sie die Schnittlinge kühl und schattig stellen. Gießen Sie nur, wenn

die Erde trocken wird, sonst besteht die Gefahr der Fäulnis.
▪ Im Winter gemachte Wurzelschnittlinge können Sie im Mai/Juni topfen oder pflanzen, Sommerschnittlinge im April des Folgejahres.

Risslinge

Für Risslinge werden bewurzelte Sprosse seitlich von der Mutterpflanze abgerissen und eingepflanzt. Alpen-Astern, Polster-Phlox und Thymian können Sie am besten durch Risslinge vermehren. Die beste Zeit zum Risslingemachen ist im Spätsommer oder Frühjahr.
▪ Bereiten Sie sich Anzuchtgefäße vor. Füllen Sie Vermehrungserde ein, drücken diese an und überbrausen das Ganze einmal mit der Gießkanne.
▪ Lassen Sie die Mutterpflanze im Beet stehen und legen Sie sie an den Seiten im Wurzelbereich etwas frei.
▪ Jetzt können Sie Triebstücke mit gutem Wurzelansatz abreißen oder mit einem scharfen Messer abschneiden.
▪ Setzen Sie die Risslinge in das vorbereitete Anzuchtgefäß (→ Abb. 3).
▪ Wenn Sie alle Risslinge eingesetzt haben, dann gießen Sie sie mit einer feinen Brause an.
▪ Stellen Sie das Anzuchtgefäß kühl und schattig auf und halten Sie das Substrat gleichmäßig feucht. Namensetikett nicht vergessen!
▪ Nach einigen Wochen haben die Risslinge viele Wurzeln gebildet und können ausgepflanzt werden.

> FRAGE & ANTWORT

Expertentipps rund um die Vermehrung

Eigene Pflanzen aus Samen ziehen, Stecklinge zum Bewurzeln bringen: Vermehrung ist sicherlich einer der schönsten Aspekte der Gartenarbeit. Eigene Anzucht schont den Geldbeutel und fördert die sozialen Kontakte, denn der Überschuss an Jungpflanzen wird in der Nachbarschaft getauscht.

? **Ich wollte Lavendel aus Stecklingen ziehen. Aber jetzt sind alle Stecklinge vertrocknet, obwohl ich sie immer gegossen habe. Was habe ich falsch gemacht?**

Nach Ihrer Beschreibung liegt der Fehler im zu häufigen Gießen. Die Stecklinge sind nicht vertrocknet, sondern verfault. Probieren Sie es noch einmal: Gießen Sie die Stecklinge gleich nach dem Einsetzen einmal gut an. Danach das Anzuchtgefäß mit einer Haube abdecken und hell, aber nicht unter direkter Sonneneinstrahlung aufstellen. Wenn Sie die Stecklinge nun einmal am Tag besprühen, bleibt die Luftfeuchtigkeit um die Stecklinge herum sehr hoch. Sie verdunsten so gut wie kein Wasser. Das ist gut so, weil sie ja noch keine Wurzeln haben, um Wasser aus der Erde aufzunehmen. Nur wenn das Substrat tatsächlich trocken wird, sollten Sie es vorsichtig anfeuchten. In der Regel reicht aber das Sprühen völlig aus. Erst wenn die ersten kleinen Blättchen am Triebende beginnende Wurzelbildung anzeigen, können Sie die Haube öfter abnehmen und vorsichtig gießen.

? **Ich möchte meinen Rittersporn ungern aus der Erde nehmen und teilen. Kann ich ihn auch durch Aussaat oder Stecklinge vermehren?**

Grundsätzlich lässt sich Rittersporn zwar durch Aussaat vermehren. Wenn Sie die Saat von Ihrer Pflanze verwenden, werden die Jungpflanzen sich aber in jedem Fall in der Blütenfarbe, den Wuchseigenschaften und anderen Merkmalen von der Mutterpflanze unterscheiden. Identische Nachkommen bekommen Sie nur durch Teilung und Stecklinge.
Für die Vermehrung über Stecklinge schneiden Sie im Frühjahr nach dem Austrieb Kopfstecklinge von den Mutterpflanzen ab. Sie sollten eine Länge von 5–10 cm haben. Ganz wichtig: Die krautigen Stecklinge von Rittersporn brauchen etwas Wurzelansatz, sonst faulen sie gleich. Gießen Sie nur direkt nach dem Stecken und sprühen nur einmal am Tag. Auch das reduziert die Fäulnisgefahr. Zusätzlich können Sie die Schnittstellen noch mit Aktivkohle aus der Apotheke desinfizieren.
Stellen Sie dann das Vermehrungsgefäß kühl (10–15 °C sind optimal), aber möglichst hell auf.

? **Wie bekomme ich das Unkraut aus den Saatschalen, ohne dass gleich die Aussaaten mit herausgerissen werden?**

Verwenden Sie zunächst am besten sterile Aussaaterde aus dem Handel. Sie enthält garantiert keinen Unkrautsamen. Wenn die Saatschalen wegen langer Keimzeit über Wochen und Monate stehen bleiben müssen, siedeln sich aber zwangsläufig Samenunkräuter an. Ich zupfe sie sofort aus, sobald sie den Kopf aus der Erde stecken. Dabei bleiben die Wurzeln der Aussaat unversehrt.

Und sollte doch mal ein Unkraut größer geworden sein, schneide ich es direkt am Wurzelansatz mit der Schere weg.

? **Ich möchte Stecklinge von Schleierkraut machen. Raten Sie zu Bewurzelungshormonen?**

Ob Ihre Stecklingsvermehrung mit bewurzelungsfördernden Mitteln besser gelingt, kann ich nicht beurteilen. Nach meiner Erfahrung spielen die optimale Bodentemperatur (20–22 °C) und hohe Luftfeuchtigkeit eine viel größere Rolle. Am wichtigsten aber ist der Zeitpunkt, zu dem der Steckling geschnitten wird. Das Niedrige Schleierkraut wird im August, evtl. Anfang September gesteckt; beim Hohen Schleierkraut (Gypsophila paniculata) ist der beste Zeitpunkt von Mai bis Juni.

? **Ich habe eine Sommerblumen-Mischung ins Beet gesät. Nur ganz wenige Samen sind aufgegangen. Woran liegt das?**

Sie schreiben nichts über den Aussaattermin. Ich vermute aber, dass der Boden vom Winter noch zu kalt war und die Blumen deshalb nicht gekeimt sind.
Ich habe beste Erfahrungen mit der Vorkultur gemacht. Bereits Anfang April säe ich die Sommerblumen-Mischungen in Multitopfplatten aus. Bei warmem Wetter stelle ich sie an einen geschützten Platz nach draußen und decke sie abends mit einer Haube oder Vlies ab. Ist es um die Zeit noch kalt, bringe ich die Aussaaten drinnen an einem hellen Fenster zum Keimen. Anfang Mai, spätestens aber nach den Eisheiligen,

kann man die durchwurzelten Ballen dann ins Freiland pflanzen.
■ Es kann aber auch sein, dass Ihre Saat in der Keimphase zu trocken stand. Haben die Samen einmal begonnen zu quellen, müssen sie ständig feucht gehalten werden. Besonders bei trockenem, warmem und windigem Wetter sollten Sie das Saatbeet unter Umständen sogar mehrmals am Tag überbrausen.
■ Wenn Sie direkt ins Freiland säen, sollten Sie auch auf Vögel und Schnecken achten. Besonders Spatzen holen sich mit Vorliebe die Samen-Leckerbissen. Und Schnecken fallen in der Nacht über die zarten Sämlinge her.

? **Ich habe einjährigen Sonnenhut ausgesät. Jetzt fallen die Sämlinge auf einmal einer nach dem anderen um und welken. Woran liegt das?**

Die Sämlinge leiden an der so genannten Umfallkrankheit. Die Keimlinge verfärben sich zunächst am Wurzelhals, werden weich und fallen um. Verursacher ist ein Pilz, der sich schnell ausbreitet. Im weiteren Verlauf ist die Erdoberfläche von einem watteartigen Pilzgeflecht überzogen.
Der Pilz kann von ungenügend desinfizierten Gefäßen oder Erden stammen. Begünstigt wird der Befall durch zu dichten Stand der Sämlinge, zu viel Feuchtigkeit und Luft- und Lichtmangel. Werfen Sie die befallenen Saaten einschließlich des Substrates weg. Kunststoffgefäße können Sie mit einer Alkohol- oder Essiglösung sterilisieren. Verwenden Sie hochwertige Anzuchtsubstrate. Nur dann haben Sie die Gewähr, dass sich

keine Krankheitskeime aus der Erde in den Aussaaten ausbreiten können. Säen Sie weit auseinander. Ist die Saat zu dicht aufgelaufen, vereinzeln Sie die Pflänzchen, sobald Sie sie mit den Fingerspitzen fassen können.

? **Ich habe gelesen, man soll geteilte Pflanzen mit Holzkohle behandeln. Ist das richtig?**

Ja, da ist etwas dran. Allerdings kommt diese Methode nur da zum Einsatz, wo Stauden mit dem Messer geteilt werden. Dabei entstehen am Wurzelstock zum Teil erhebliche Wunden, die mit Aktivkohle aus der Apotheke desinfiziert und vor Fäulnis geschützt werden können. Wenn Sie besonders wertvolle Iris, Pfingstrosen oder Silberkerzen vermehren wollen, würde ich Ihnen zu einer Behandlung mit Aktivkohle raten.

? **In meiner Aussaaterde befindet sich laut Packungsaufdruck Perlite. Worum handelt es sich dabei?**

Schauen Sie sich Ihre Aussaaterde einmal genau an. Sehen Sie die kleinen weißen Kügelchen? Das ist Perlite. Dieses Material wird aus natürlichem Vulkangestein gewonnen und bei der Herstellung um das Zwanzigfache seines Volumens aufgeschäumt. Dadurch kann Perlite hervorragend Wasser und Luft speichern. Mit Perlite versetzte Erden sind gut belüftet und vor Staunässe geschützt. Gleichzeitig nehmen sie viel Feuchtigkeit auf. Ein idealer Zusatzstoff für Anzuchterden, da das Material keine Nährstoffe enthält.

Was tun, wenn ...

... im Schattenbeet nur Moos wächst?

Ursache:

Moos wächst ebenso wie viele Schattenstauden gerne auf Lehmböden im feuchten Schatten. Moos ist allerdings konkurrenzschwach, d. h., es kann sich nur halten, wenn der Boden offen ist und es nicht von wüchsigeren Pflanzen bedrängt wird.

› Maßnahme:

Pflanzen Sie noch mehr passende Stauden ins Schattenbeet, so dass möglichst wenig offene Stellen übrlg bleiben. Suchen Sie sich Pflanzen heraus, die zu den bereits vorhandenen in Größe,

Wuchsform und Blattstruktur gut passen.
Entfernen Sie das Moos mit einem Rechen. Anschließend lockern Sie die Erde tiefgründig auf und arbeiten gleich groben Sand mit ein. Jetzt kann das Regenwasser schneller abfließen. Mischen Sie in die obere Erdschicht als Starthilfe für die Stauden eine gute Portion Rindenhumus oder Kompost. Die Stauden wachsen bei fachgerechter Pflanzung zügig heran und decken bald mit ihren Blättern den ganzen Bodenbereich ab. Moos hat nun keine Chance mehr zum Wachsen.

... Dahlien, Sonnenblumen und Tagetes immer wieder abgefressen werden?

Ursache:

Ganz klar – hier waren Nacktschnecken am Werk. Zarte Dahlientriebe und Sämlinge von Sonnenblumen und Tagetes sind ein besonderer Leckerbissen für die gefräßigen Tiere.

› Maßnahme:

Ziehen Sie Dahlien, Sonnenblumen, Tagetes und andere schneckenanfällige Sommerblumen in Gefäßen an einem schneckensicheren Ort vor (z. B. Balkon oder Terrasse). Topfen Sie die Pflanzen noch einmal um, wenn das Gefäß zu klein wird.
Spätestens Mitte Juni haben die Pflanzen in den Töpfen so viel Blattmasse gebildet, dass selbst gefräßige Schnecken nicht mehr sehr viel Schaden anrichten können. Jetzt können Sie die Pflanzen beruhigt ins Beet auspflanzen.

... Pfingstrosen nicht blühen?

Ursache:

Pfingstrosen gehören zu den langlebigsten Stauden überhaupt. Es vergehen aber auch etliche Jahre, bis aus der Jungpflanze ein voll blühfähiges Exemplar wird. Aber

auch die Pflanztiefe und der Standort spielen hier eine Rolle.

Maßnahmen:

› Üben Sie sich in Geduld, nach ein, zwei Jahren zeigen sich die ersten Blüten, und jedes Jahr werden es dann mehr. Vorausgesetzt, Sie haben die Stauden so gepflanzt, dass die Knospen nicht tiefer als 3 cm unter der Erdoberfläche liegen. Manche Staudengärtnereien bieten Pfingstrosen übrigens nicht im Topf, sondern als bereits blühfähige Freilandware an. Fragen Sie danach.
› Steht die Pfingstrose zu sehr im Schatten, sollten Sie einen sonnigeren Standort suchen.

.. Sommerblumen schlappmachen, obwohl die Erde nass ist?

Mögliche Ursachen:

1. Wenn nach einer kühlen regnerischen Wetterperiode die Sonne wieder scheint, schützen sich viele Sommerblumen vor der Sonneneinstrahlung, indem sie die Blätter hängen lassen. Das kann man besonders in den Mittagsstunden beobachten. Sobald es kühler wird, erholen sich die Pflanzen wieder.

❯ Fuchsien und Fleißige Lieschen sollten von vornherein an einen halbschattigen Platz gepflanzt werden, der vor allem nicht der Mittagssonne ausgesetzt ist. Sonnenliebende Sommerblumen gewöhnen sich in der Regel schnell an die warme Witterung. Auf keinen Fall sollten Sie die schlappen Pflanzen gießen. Sie nehmen in dem Zustand kein Wasser auf, dafür vernässt unter Umständen die Erde. Eine gewisse Abkühlung erreichen Sie, wenn Sie Wege und Platten in der Nähe nass machen.

2. Sie haben zu viel gegossen. In einer vernässten Erde wird die Luft in den Bodenporen durch Wasser verdrängt. Die Wurzeln können nicht mehr atmen und sterben ab – die Pflanze welkt.

❯ Graben Sie die schlappe Pflanze aus und untersuchen Sie die Wurzeln. Abgestorbene Wurzeln sind bräunlich gefärbt. Hier hilft nur ein kräftiger Rückschnitt sowohl der verfärbten Wurzelteile als auch der oberirdischen Triebe. Ersetzen Sie die vernässte Erde durch neue. Geben Sie der Pflanzerde auflockerndes Material wie groben Sand oder Kies zu. Neu gepflanzt und bis zum Neuaustrieb schattiert, erholt sich die Pflanze eventuell wieder.

3. Möglicherweise ist Ihre Sommerblume aber auch von der Welkekrankheit befallen.

Hierbei handelt es sich um eine Pilzkrankheit. Bodenpilze dringen über die Wurzeln in die Leitungsbahnen der Pflanzen ein und verstopfen sie. Die Pflanze kann das lebensnotwendige Wasser nicht mehr transportieren und verdurstet – trotz genügend Feuchtigkeit im Boden.

❯ Besonders anfällig für die Welkekrankheit sind die einjährigen Sommer-Astern *(Callistephus)*. Von der Welkekrankheit befallene Pflanzen sollten Sie unverzüglich entfernen und im Hausmüll entsorgen (keinesfalls auf den Kompost werfen!). Pflanzen Sie an die gleiche Stelle keine Sommer-Astern mehr.

❯ Fragen Sie beim Neukauf nach widerstandsfähigen Sorten.

. im Steingarten mehr Unkraut als Polster wächst?

Ursache:

Hier ist schon bei der Anlage der entscheidende Fehler passiert: Der Boden ist zu nährstoffreich und vermutlich auch zu schwer. Samen- und Wurzelunkräuter finden beste Bedingungen vor und überwuchern schnell konkurrenzschwache Steingartenstauden.

❯ Maßnahme:

Tauschen Sie die oberste Erdschicht aus, besonders wenn sie von Wurzelunkräutern durchwachsen ist. Kontrollieren Sie genau, ob deren Wurzeln nicht vielleicht schon zwischen oder unter die Steine gewachsen sind. Entfernen Sie alle Wurzelreste.

Tragen Sie mindestens eine 20 cm dicke Erdschicht ab. Füllen Sie statt dessen ein steiniges, mageres Material ein. Wenn Sie viele kalkliebende Polster pflanzen wollen, eignet sich Kalksplitt, vermischt mit etwas Lehm und Sand, bestens. Aber auch Kies und grober Sand sind geeignet. In dem mineralischen und luftigen Substrat entwickeln sich die Steingartenstauden prächtig – Unkräuter tun sich dagegen schwer.

3

Porträts

Ein Blumen-Sortiment für jede Gartenecke

Gartenblumen haben ihre Lieblingsplätze, und dorthin sollten sie auch gepflanzt werden. Wenn sie sich an ihrem Standort wohlfühlen, revanchieren sie sich mit gesundem Wachstum und üppiger Blüte.

Machen Sie zunächst eine Bestandsaufnahme, wenn Sie ein Beet bepflanzen möchten: Liegt der Standort in der vollen Sonne, oder wechseln sich Licht und Schatten ab? Ist der Boden lehmig und nährstoffreich oder eher sandig und mager? Trocknet er im Sommer oft aus, oder bleibt er nach Regengüssen noch lange nass? Für jeden Lebensbereich im Garten

(→ Seite 18–21) gibt es die passenden Blumen – bestimmt auch für Ihren Garten.

Üppige Pracht im Beet

Im Blumenbeet finden gezüchtete, reichblütige und farbenprächtige Gartenblumen ihren Platz (→ Seite 100–103). In nährstoffreichen, tiefgründigen Böden, ohne Konkurrenz von Gehölzen oder Wildblumen, entfalten sie ihre ganze Pracht. Allesamt lieben sie Humus, am besten in Form von Kompost. Auf Wassermangel reagieren sie empfindlich – bei Trockenheit muss also kräftig gegossen werden. Überhaupt lassen sich diese verwöhnten Diven gerne pflegen. Rückschnitt und Stützhilfen sind selbstverständlich. Der Boden sollte offen gehalten, aufkommendes Unkraut sofort entfernt werden.

Zwischen Steinen

Unter und zwischen den Steinen ist es kühl und feucht, das mögen alle Mauerblumen und Steingartenpflanzen (→ Seite

104–107). Je nach Herkunft vertragen sie mehr oder weniger Hitze und Trockenheit. Alle sind, wenn Sie ihre bescheidenen Ansprüche erfüllen, sehr pflegeleicht. Sie mögen lockeres, luftiges Erdreich mit viel Schotter oder Kies, aber auch wasserspeicherndem Lehm. Ihr Standort sollte weitab von größeren Bäumen und Sträuchern liegen, um Wurzeldruck zu vermeiden.

Pflanzen für freie Flächen

Wo andere Gartenblumen schnell schlappmachen, da laufen Steppenpflanzen (→ Seite 108–111) zu großer Form auf: Vor heißen Südwänden, an sonnendurchglühten Böschungen, im trockenen Kiesbeet fühlen sie sich pudelwohl. Ein lockerer, gut durchlüfteter Boden mit gutem Wasserabzug ist Voraussetzung für gutes Gedeihen. Humus oder Kompost mögen diese Sonnenkinder nicht, einigen tun gelegentliche Düngergaben jedoch gut (→ Porträtteil).
Wie die anderen Bewohner des Lebensbereiches Freifläche sollten Sie auch Steppenpflanzen weitab vom Konkurrenzdruck der Gehölze pflanzen.

Am Gehölzrand

Auch im Randbereich von Gehölzen fühlen sich viele Gartenblumen wohl (→ Seite 112–115). Einige bevorzugen die schattige Nord- oder Ostseite, andere gedeihen besser an der

Einjährige Gartenblumen wie Tagetes gedeihen am besten auf sonnigen Beeten.

*Mit Stauden in gestaffelten Wuchshöhen, unterschiedlichen Blütenfarben und verschiedenen Blüh-
zeiten bilden Sie einen harmonischen Übergang vom Rasen zum Gehölzrand.*

sonnigen, lichten Süd- oder Westseite. Alle vertragen den Wurzeldruck der Bäume und Sträucher und mögen die lockere Humusschicht, die durch das Falllaub entsteht. Gartenblumen des Gehölzrandes halten auf Lehmböden auch längere Trockenzeiten aus. Sandige Böden sollten Sie in ihrer Wasserhaltefähigkeit durch Bentonit verbessern.

Unterm Blätterdach

Im tiefen Schatten der Bäume geht es eher ruhig zu. Vor allem im Sommer dringt nur wenig Sonnenlicht durch das dichte Laub. Oft entsteht zusätzlicher Schatten durch Mauern oder Gebäude. Der Wurzeldruck der Bäume ist hoch, im Sommer kann der Boden austrocknen. Waldpflanzen (→ Seite 116/117) lieben diesen Standort. Sie vertragen auch den Tropfenfall von den Blättern und schlucken das Falllaub der Bäume. Ein lehmiger Boden mit einer Oberschicht aus Humus sagt ihnen am meisten zu. Siedeln Sie die Pflanzen für diesen Lebensbereich aber erst in reifen Baumanlagen an. Ihre oft großen und zarten Blätter würden das Sonnenlicht junger Anlagen nicht vertragen.

Feuchte Gartenecken

Manche Gartenbesitzer träumen davon: Beete mit frischen feuchten Böden, die auch im Sommer nur selten austrocknen. Regenreiches Klima, schwere wasserhaltende Böden und langsamer Wasserabzug können die Ursachen sein. Manche Feuchtpflanzen (→ Seite 118/119) vertragen auch Staunässe und fühlen sich am Rand von Gewässern wohl. Andere mögen lieber einen gleichmäßig feuchten, aber nicht staunassen Boden in Sonne oder Halbschatten. Alle vertragen jedoch keine längeren Trockenperioden.

Prachtstauden

LEBENSBEREICH BEET

Name	Kurzinfo	Blütezeit/Blütenfarbe	Höhe/Wuchsform	Pflege und Verwendung
Kissen-Aster *Aster dumosus* 'Augenweide´		Sept.–Okt. violettblau	25–30 cm kissen- bis teppichartig	sobald die Pflanze verkahlt oder weniger Blüten ansetzt, Staude teilen und neu pflanzen; für den Vordergrund sonniger Rabatten gut geeignet
Glattblatt-Aster *Aster novi-belgii* 'Dauerblau'		Sept.–Okt. lilablau	140 cm aufrecht, buschig	gleichmäßige Bodenfeuchte beugt Pilzbefall vor, bei Trockenheit wässern, mit Kompost düngen, öfters teilen und umpflanzen; standfest, wertvolle Solitärstaude
Herbst-Chrysantheme *Chrysanthemum* x *hortorum* 'Anastasia'		Sept.–Okt. rosaviolette Pomponblüten	50 cm kompakt und buschig	ein geschützter sonniger Standort verlängert die Blütezeit, braucht durchlässige Erde, da empfindlich gegen Winternässe; wertvoller standfester Spätherbstblüher
Schmuckkörbchen *Cosmos bipinnatus-* Hybriden		Juli–Okt. weiß, rosa, rot, violett	bis 120 cm aufrecht, buschig, kräftig verzweigt	lässt sich leicht aus Samen ziehen; erst nach den Eisheiligen ins Freie pflanzen; wird nicht von Schnecken gefressen; Dauerblüher für Spätsommer und Herbst
Dahlie *Dahlia-*Hybriden 'Schloss Reinbeck'		Juli–Okt. orange, rote Mitte, einfach	60 cm dichte, aufrechte Büsche	Knollen ab Mitte April ins Freie pflanzen, zu große Knollen dabei gleich teilen, hohe Sorten stützen, Verblühtes gleich abschneiden; Knollen frostfrei überwintern
Rittersporn *Delphinium elatum* 'Finsteraarhorn'		Juni–Juli, Okt. dunkelblau	170 cm straff aufrecht	Mittagshitze vermeiden, Austrieb schneckengefährdet, gleich Stützring anbringen, Rückschnitt nach der Blüte bringt 2. Flor im Herbst; imposante Solitärstaude

 Sonne   Halbschatten   ● Schatten   Staude   Zwiebel-/Knollenblume

Prachtstauden

LEBENSBEREICH BEET

Name	Kurzinfo	Blütezeit/ Blütenfarbe	Höhe/ Wuchsform	Pflege und Verwendung
Roter Sonnenhut *Echinacea purpurea*	☼ 🌸 ✄ 🐝	Juni–Sept. rosarot	80 cm buschig	kurzlebige Staude, nach einigen Jahren teilen und neu pflanzen, Blütenstände erst im Februar abschneiden, da auch im Winter attraktiv; wertvoller Langblüher
Feinstrahl-Aster *Erigeron speciosus* 'Dunkelste Aller'	☼ 🌸 ✄	Juni–Juli, Sept. dunkelviolett	60 cm buschig, horstartig	scharfer Rückschnitt bis zum Boden gleich nach der Blüte bringt 2. Flor im Herbst, Blüten für die Vase offen schneiden, Knospen gehen nicht auf; guter Begleiter zu Rittersporn und Phlox
Kaiserkrone *Fritillaria imperialis*-Hybriden	☼ ◐ 🜂	April–Mai gelb, rot, orange	60–90 cm straff aufrecht	Pflanzzeit Aug./Sept., Zwiebeln schräg pflanzen, düngen im April, Blätter vergilben lassen, Juni beste Zeit zum Teilen, vor Spätfrösten schützen; herrlicher Blickfang
Gladiolen *Gladiolus*-Hybriden	☼ 🜂 ✄	Juni–Sept. rot, orange, gelb, lachsfarben, violett, auch zweifarbig	100–120 cm schaftartig aufrecht	frostempfindlich, Knollen daher erst Ende April auspflanzen, Blüten einzeln stäben, Knollen im Oktober aus dem Boden nehmen und frostfrei lagern; ausdauernder Sommerblüher
Sonnenbraut *Helenium*-Hybride 'Rubinzwerg'	☼ 🌸 ✄ 🐝	Juli–August rubinrot	70–80 cm aufrecht, buschig	sehr standfeste Staude, braucht daher keine Stütze, bei anhaltender Trockenheit gießen; wertvoller Sommerblüher, lässt sich gut mit Gräsern kombinieren
Stauden-Sonnenblume *Helianthus microcephalus* 'Lemon Queen'	☼ 🌸 ✄	Aug.–Okt. zitronengelb	150 cm aufrecht, buschig	verträgt längere Trockenheit erstaunlich gut, Stützring empfehlenswert, bei nachlassender Blühfreude im Herbst oder Frühjahr teilen und neu pflanzen; Solitärstaude

🌸 Ein- und Zweijährige   🌿 Gräser und Farne   ☒ giftig   ✄ Schnittblume   🐝 Bienenweide   **101**

Prachtstauden

LEBENSBEREICH BEET

Name	Kurzinfo	Blütezeit/ Blütenfarbe	Höhe/ Wuchsform	Pflege und Verwendung
Purpurglöckchen *Heuchera micrantha* 'Molly Bush'	☼ ☽ 🌼	Juni–Juli cremefarben	20 cm Blüte 50 cm buschige Polster	rotlaubig, Farbe verblasst im Schatten, versagt in sandigen Böden, öfter teilen und neu pflanzen; Blattschmuck- und Blütenstaude zur Randbepflanzung
Hyazinthe *Hyacinthus orientalis*-Hybriden	☼ ⚘ ☠ ✂	April–Mai weiß, blau, rosa, gelb, rot, lila	20 cm aufrecht, schmalblättrig	Boden locker und durchlässig, empfindlich gegen Staunässe, mit Blattaustrieb düngen, Blätter einziehen lassen, verblühte Blüte abschneiden; intensive Duftpflanze
Sommer-Margerite *Leucanthemum maximum* 'Beethoven'	☼ 🌼 ✂	Juli–Sept. weiß	80 cm horstartig, buschig	Verblühtes sofort entfernen, das verlängert die Blütezeit, mit Ringen stützen, sonst fällt sie bei Regen auseinander; schöner Partner zu blauem Rittersporn
Tiger-Lilie *Lilium tigrinum*-Hybriden	☼ ☽ ⚘ ✂	Juli–August gelb, orange, orangerot	100–180 cm eintriebig, aufrecht	während der Blütezeit düngen, auf Lilienhähnchen kontrollieren, Zwiebel wenn nötig in Drahtkörben vor Wühlmäusen sichern, Blütenstiele stäben; herrlicher Blickfang
Levkoje *Matthiola incana*-Hybriden	☼ ✳ ✂	Juni–Sept. weiß, gelb, rot, violett, rosa	25–30 cm, hohe Sorten 60–90 cm buschig, aufrecht	nicht in schwere nasse Böden pflanzen, Blütenstiele stützen; intensive Duftpflanze, ein- oder zweijährig, niedrige Sorten eignen sich gut zur Beeteinfassung
Chinaschilf *Miscanthus sinensis* 'Kleine Silberspinne'	☼ 🌾 ✂	Aug.–Sept. silbrig	100 cm aufrecht, kompakt	wenn Inneres verkahlt, im Frühjahr teilen und neu pflanzen, guter Wintereindruck, erst im Februar zurückschneiden; Solitärstaude, auch auf feuchten Beeten

☼ Sonne　 Halbschatten　● Schatten　 Staude　 Zwiebel-/Knollenblume

Prachtstauden

LEBENSBEREICH BEET

Name	Kurzinfo	Blütezeit/ Blütenfarbe	Höhe/ Wuchsform	Pflege und Verwendung
Narzisse *Narzissus*-Hybriden	☀ ◑ ⬙ ✂	März–April gelb, weiß	40 cm ein- oder mehrtriebig	mit Beginn des Austriebs düngen; verblühte Blüten abschneiden, bei nachlassender Blüte teilen und umpflanzen; Frühjahrsblüher für Sonne und Halbschatten
Pfingstrose *Paeonia lactiflora* 'Sarah Bernard'	☀ ◑ ❀ ✂	Juni silbrig-rosa	80 cm breitbuschig	lehmige Böden, möglichst wenig verpflanzen, nicht zu tief einpflan-zen, wenig düngen und gießen; äußerst langlebig, sehr gute Schnittsorte, gute Duftpflanze
Phlox *Phlox paniculata* 'Landhochzeit'	☀ ◑ ❀ ✂	Juli–August rosa	ca. 140 cm aufrecht, buschig	optimal sind lehmige, eher feuchte Böden, Trockenheit meiden, Abge-blühtes gleich abschneiden, um Selbstaussaat zu verhindern; sehr stark duftende Pflanze, alte Bauern-gartenstaude
Rauer Sonnenhut *Rudbeckia hirta*-Hybriden	☀ ❀ ✂	Juni–Okt. gelb, rotbraun	30–90 cm kompakt, buschig	Verblühtes abschneiden, hohe Sor-ten evtl. stützen; Langzeitblüher, ein- bis zweijährig, sät sich gerne aus, guter Lückenfüller im neu gepflanzten Staudenbeet
Sonnenhut *Rudbeckia sullivantii* 'Goldsturm'	☀ ◑ ❀ ✂	Juli–Sept. gelb	70 cm breitbuschig	optimal sind feuchte Lehmböden, in sandigen Böden muss gegossen werden, bei nachlassender Blüh-leistung teilen und neu pflanzen; robuster Dauerblüher, guter Partner zu Gräsern
Tulpe *Tulipa*-Hybriden 'Princes Irene'	☀ ⬙ ✂	April orange-gelb, rot geflammt	35 cm ein- oder mehrtriebig	Boden muss durchlässig sein, mit Blattaustrieb düngen, verblühte Blüten abschneiden, Blätter einzie-hen lassen; langlebige Sorte, Bodentrockenheit im Sommer för-dert die Gesundheit der Zwiebeln

❀ Ein- und Zweijährige　　⚘ Gräser und Farne　　⬙ giftig　　✂ Schnittblume　　🐝 Bienenweide　　**103**

Pflanzen für Mauern und Steine

LEBENSBEREICH STEINANLAGE

Name	Kurzinfo	Blütezeit/ Blütenfarbe	Höhe/ Wuchsform	Pflege und Verwendung
Steinkraut *Alyssum montanum*	☀ 🌱	April–Mai gelb	20 cm kissenartiges Polster	verträgt viel Trockenheit, bei zu starkem Wuchs kräftig zurückschneiden; für Steingarten, Mauerkronen und -fugen, verdrängt schwachwüchsige Partner
Streifenfarn *Asplenium trichomanes*	◐ ● 🌿	keine Blüte	20–30 cm dichte Rosette, sternförmige Wedel	einmal angewachsen, bedarf dieser heimische Kleinfarn keiner Pflege; wintergrün, für feucht-kühle Mauerritzen, belebt schattige Mauern übers Jahr
Blaukissen *Aubrieta*-Hybriden	☀ 🌱 🐝	April–Mai blauviolett, rosa, violettrot	10 cm breites, flaches Polster	nach der Blüte kräftig zurückschneiden, bei anhaltender Trockenheit gießen; besonders schön über Mauerkronen
Zwerg-Glockenblume *Campanula cochleariifolia*	☀ ◐ 🌱	Juni–August hellblau	10 cm bildet durch Ausläufer breite Polster	Substrat mit Kalkschotter mischen, vor Schneckenfraß schützen, bei zu starker Ausbreitung die Ausläufer entfernen; bestens für Mauerfugen
Polster-Glockenblume *Campanula poscharskyana* 'Blauranke'	☀ ◐ ● 🌱	Juni–Juli Nachblüte im Herbst lavendelblau	20 cm wüchsige Polster, neigt zum Wuchern	wächst und blüht auch im tieferen Schatten, kräftiger Rückschnitt möglich; wertvoll durch die lange Blütezeit, besonders für Mauerritzen und Kübel
Gelber Lerchensporn *Corydalis lutea*	◐ 🌱	Mai–Sept. hellgelb	20 cm buschig, horstartig	bei anhaltender Trockenheit gießen, verwildert an ausreichend feuchten Plätzen; belebt absonnige Mauern durch die helle Blüte und das farnartige Laub

 Sonne   Halbschatten   Schatten   Staude  Zwiebel-/Knollenblume

Pflanzen für Mauern und Steine

LEBENSBEREICH STEINANLAGE

Name	Kurzinfo	Blütezeit/ Blütenfarbe	Höhe/ Wuchsform	Pflege und Verwendung
Krokus *Crocus chrysanthus* 'Ladykiller'	☀ ⬥ 🐝	Februar–März außen violett-blau, innen weiß	5–7 cm schmalblättrig	optimal ist ein durchlässiger, schottriger Boden; kleine Zwiebelpflanze für geschützten sonnigen Platz im Steingarten, wo die frühe Blüte am besten zur Geltung kommt
Pfingst-Nelke *Dianthus gratianopolitanus*	☀ 🌸	Mai–Juli rosarot	10–15 cm polsterförmig	verträgt viel Trockenheit, liebt kalkhaltiges Substrat; wintergrünes Polster mit blau bereiften Blättern, wichtig im Steingarten wegen der späten Blüte
Zwerg-Feinstrahl *Erigeron karvinskianus*	☀ ✳	Juni–Okt. weiß-rosa	15–20 cm bildet breite Teppiche, feingliedrige dünne Triebe	an geschützten warmen Stellen mehrjährig, vermehrt sich durch Aussaat; zierlicher Sommerblüher für Mauerfugen und zwischen großen Steinen
Walzen-Wolfsmilch *Euphorbia myrsinites*	☀ 🌸 ☠	Mai–Juni hellgelb	15 cm niederliegende walzenförmige Triebe	verträgt extreme Trockenheit, liebt Kalk, samt sich leicht selbst aus; schöne Blattschmuckstaude, Blätter wintergrün, guter Partner zu Zwerg-Iris; enthält hautreizenden Milchsaft
Bärenfell-Gras *Festuca gautieri* 'Pic Carlit'	◑ 🌾	Juni–Juli gelblich-grün	20–25 cm bildet dichte, breite Polster	je magerer und trockener das Substrat, umso langlebiger und kompakter das Polster, alle paar Jahre nach der Blüte teilen; schöne Strukturpflanze
Teppich-Schleierkraut *Gypsophila repens* 'Rosa Schönheit'	☀ 🌸	Mai–August kräftig rosa	15 cm breite Polster bildend	mag kühle, feuchte Stellen im Gestein, Substrat mit viel Kalkschotter mischen, lässt sich nur sehr ungern verpflanzen; wertvoller Langblüher, der Pflanzungen auflockert

🌼 Ein- und Zweijährige 🌾 Gräser und Farne ☠ giftig ✄ Schnittblume 🐝 Bienenweide **105**

Pflanzen für Mauern und Steine

LEBENSBEREICH STEINANLAGE

Name	Kurzinfo	Blütezeit/ Blütenfarbe	Höhe/ Wuchsform	Pflege und Verwendung
Sonnenröschen *Helianthemum-* Hybride 'Sterntaler'	☼ ✿	Mai–Juni leuchtend gelb	15 cm bildet große flache Polster	braucht unbedingt volle Sonne und trockenen Boden, Rückschnitt im August, vor Kahlfrost mit Reisig schützen; wintergrüne Polsterpflanze für den Steingarten
Zwergige Funkie *Hosta venusta*	☽ ● ✿	Juli–August blasslila	10–15 cm, Blüte 20 cm breite Polster bildend	verträgt Trockenheit, Austriebe vor Schneckenfraß schützen, lässt sich gut teilen; langlebige niedrige Polsterstaude, auch für schattige Steingärten und Mauerkronen, ideal in Kombination mit Zwerg-Farn
Schleifenblume *Iberis sempervirens* 'Zwergschneeflocke'	☼ ✿ 🐝	April–Mai weiß	15 cm kompakt	verträgt Trockenheit, nach der Blüte kräftig zurückschneiden, bei Kahlfrost mit Reisig abdecken; wintergrünes Polster, am Grund verholzt (Halbstrauch), auch als Beeteinfassung geeignet
Zwerg-Iris *Iris barbata-nana*-Hybriden	☼ ✿	April, Mai gelb, weiß, violett, hellblau, violettblau	15–20 cm aufrecht	verträgt viel Trockenheit, öfter teilen, Rhizome nur zu 2/3 mit Erde bedecken, Austriebe vor Schnecken schützen; für Steingärten und Mauerkronen
Netzblatt-Iris *Iris reticulata*	☼ ◊	März dunkles Violettblau	20 cm besonders schmale Blätter	nur langlebig auf sommertrockenen, mineralischen Böden in voller Sonne, Blätter einziehen lassen; wertvoller duftender Frühblüher
Polster-Phlox *Phlox douglasii* 'Crackerjack'	☼ ✿	Mai, Juni leuchtend karminrot	5 cm kompakte Polster	eher feuchte Plätze wählen, bei Kahlfrost mit Reisig abdecken; wintergrünes Polster, nicht mit stark wachsenden Polstern kombinieren

Pflanzen für Mauern und Steine

LEBENSBEREICH STEINANLAGE

Name	Kurzinfo	Blütezeit/ Blütenfarbe	Höhe/ Wuchsform	Pflege und Verwendung
Moos-Steinbrech *Saxifraga-Arendsii*-Hybride 'Blütenteppich'	◐ 🌱	April–Mai karminrosa	15 cm bildet niedrige, moosartige Polster	kurzlebige Pflanze, daher alle 3–4 Jahre teilen und neu pflanzen; wintergrünes Polster, belebt absonnige Steingärten und Mauerkronen
Rispen-Steinbrech *Saxifraga paniculata*	☀ ◐ 🌱	Mai, Juni weiß	5 cm, Blüte 20 cm rosettenförmige Polster	Boden steinig, kalkhaltig und nährstoffarm; blau bereifte, wintergrüne Polster; Rosetten sterben nach der Blüte ab, neue Rosetten bilden sich durch Ausläufer
Rosenteppich-Fetthenne *Sedum cyaneum* 'Sacchalin'	☀ 🌱	Juli–August rosarot	5 cm flache Polster	sehr robust, bedarf bei zusagendem Standort keiner Pflege; wertvoller Spätblüher; Blätter graugrün, noch für trockenste Ecken geeignet, schön in Kombination mit blauem Herbst-Krokus
Dachwurz *Sempervivum tectorum*	☀ 🌱	Juli–August purpurrot	5 cm, Blüte 20 cm breite, mattenbildende Rosetten	äußerst robust und anspruchslos, jedoch vor Winternässe schützen; siedelt auf Steinen und Dächern, wächst noch in engsten Mauerritzen
Feld-Thymian *Thymus serphyllum* 'Atropurpureum'	☀ 🌱 🐝	Juli–August purpurrot	5 cm flach kriechend	verträgt extreme Trockenheit und Hitze, Boden mit viel Sand mischen; immergrüne, aromatisch duftende Polsterpflanze, gut zwischen Trittplatten, lässt sich auch im Kiesbeet verwenden
Zwerg-Tulpe *Tulipa linifolia*	☀ ⚰	April–Mai scharlachrot	15 cm zierlich	langlebig nur auf sommertrockenen Böden, Blätter nach der Blüte einziehen lassen; schöner Frühblüher für Steingarten und Mauerkronen, breitet sich langsam aus

🌸 Ein- und Zweijährige   🌿 Gräser und Farne   ⚰ giftig   ✄ Schnittblume   🐝 Bienenweide   **107**

Steppenpflanzen

LEBENSBEREICH FREIFLÄCHE

Name	Kurzinfo	Blütezeit/ Blütenfarbe	Höhe/ Wuchsform	Pflege und Verwendung
Goldquirl-Garbe *Achillea clypeolata*		Juni–August gelb	50 cm horstig, Blüten stehen hoch über dem Blattschopf	Rückschnitt nach dem ersten Flor fördert Nachblüte im Herbst, bei nachlassender Blüte teilen und neu pflanzen; Dauerblüher mit silbergrauem Laub, Blütenstände auch im Winter attraktiv
Paukenschläger-Lauch *Allium aflatunense* 'Purple Sensation'		Mai–Juni violett	100–150 cm eintriebig	bei störender Selbstaussaat abgeblühte Blüten abschneiden; höhere Stauden als Partner, da das Laub bereits während der Blüte vergilbt
Pyrenäen-Aster *Aster sedifolius* 'Nanus'		Aug.–Sept. lila	20–30 cm horstig, buschig	bei nachlassender Blühfreudigkeit im Frühjahr teilen und neu pflanzen; gute Einfassungspflanze, langlebig und robust auch in sandigen Böden, schöner Partner zu Gräsern
Steinquendel *Calamintha nepeta* ssp. *nepeta*		Aug.–Okt. hellviolett	40 cm breitbuschig	außer Rückschnitt im Herbst keine Pflege nötig; wertvolle, vielseitig verwendbare Staude mit extrem langer Blütezeit, aromatisches Laub, Insektenmagnet Nr. 1
Montbretie *Crocosmia masoniorum* 'Luzifer'		Juli–August scharlachrot	100 cm aufrecht, schaftartige Triebe; bildet Kolonien	an geschützten Standorten winterhart, sonst Knollen frostfrei überwintern und Ende April auspflanzen; besonders schön vor Südwänden und Mauern
Schmalblättrige Steppenkerze *Eremurus stenophyllus*		Juni leuchtend gelb	100 cm horstiger Blattschopf, aufrechte Blütenstände	beste Pflanzzeit August/Sept., Pflanztiefe ca. 10 cm, Boden durchlässig und nährstoffreich; Solitärpflanze, zwischen höhere Stauden pflanzen, die das vergilbende Laub verdecken

 Sonne   Halbschatten   ● Schatten   Staude    Zwiebel-/Knollenblume

Steppenpflanzen

LEBENSBEREICH FREIFLÄCHE

Name	Kurzinfo	Blütezeit/ Blütenfarbe	Höhe/ Wuchsform	Pflege und Verwendung
Goldmohn *Eschscholzia californica*	☼ ✳	Juli–Okt. gelb-orange	30–50 cm locker verzweigt und leicht buschig	Aussaat im April/Mai direkt ins Freiland, weitere Pflegemaßnahmen nicht nötig, versamt sich sehr stark; hervorragender Lückenfüller zwischen Stauden
Gold-Wolfsmilch *Euphorbia polychroma*	☼ ◑ ✿ ☹	Mai–Juni goldgelb	35 cm bildet buschige Kissen	liebt kalkhaltige Böden, falls Aussaat unerwünscht, Rückschnitt gleich nach der Blüte; schöne, kissenförmige Herbstpflanze, da sich das Laub im Herbst rot färbt, gute Gruppenstaude
Prachtkerze *Gaura lindheimeri*	☼ ✿	Juni–Okt. weiß	80 cm aufrecht, locker verzweigt	nicht sehr langlebig, versamt sich aber gerne, Rückschnitt Mitte August wird gut vertragen, in rauen Lagen Winterschutz; Dauerblüher über Monate
Kaukasus-Storchschnabel *Geranium renardii*	☼ ◑ ✿	Juni weiß-rosa, violett geadert	25 cm bildet breite Polster	bei nachlassender Vitalität teilen und neu pflanzen; Blattschmuckstaude, wirkt am besten einzeln oder in kleinen Tuffs, auch für sonnigen Gehölzrand
Strohblume *Helichrysum bracteatum-*Hybriden	☼ ✿ ✣	Juli–Sept. weiß, rot, lachsrosa, violett, gelb, orange, rostrot	30–80 cm aufrecht, horstartig	im März aussäen, ab Mitte Mai im Freiland auspflanzen; wertvolle Trockenblume, zum Trocknen knospig schneiden und kopfüber aufhängen
Blaustrahlhafer *Helictotrichon sempervirens*	☼ ✣ ✂	Juli–August gelblich-braun	35 cm, Blüte 110 cm horstige, dichte Blattschöpfe	liebt kalkhaltige Böden, verträgt keine Nässe und ständige Luftfeuchtigkeit, beste Pflanzzeit April, lässt sich jetzt auch gut teilen; schöne Strukturpflanze

 Ein- und Zweijährige   Gräser und Farne   ☒ giftig   Schnittblume   ⚜ Bienenweide   **109**

Steppenpflanzen

LEBENSBEREICH FREIFLÄCHE

	Name	Kurzinfo	Blütezeit/ Blütenfarbe	Höhe/ Wuchsform	Pflege und Verwendung
	Bart-Iris *Iris barbata elatior* 'Lovely Again'	☼ 🌱 ✂	Mai Nachblüte von Aug.–Sept. hellblau	80 cm schwertförmige Blätter	hoch pflanzen, so dass das Rhizom aus der Erde schaut, nach einigen Jahren teilen und neu pflanzen, beste Umpflanzzeit August; eindrucksvolle Blütenstaude
	Rote Wildskabiose *Knautia macedonica*	☼ 🌱	Juni–August blutrot	80 cm aufrecht, locker verzweigt	kurzlebige Staude, verjüngt sich durch Aussaat, Rückschnitt gleich nach der Blüte gut möglich; wertvoll durch die lange Blütezeit
	Stauden-Lein *Linum perenne*	☼ 🌱	Juni–Juli himmelblau	50 cm aufrecht, buschig, zierlich	kurzlebige Staude, verjüngt sich durch Aussaat, Rückschnitt nach der Blüte führt evtl. zu Ausfällen; auch für sonnige Steingärten und Kiesbeet geeignet
	Türkenmohn *Papaver orientale* 'Beauty of Livermere'	☼ 🌱 🐝	Mai–Juni leuchtend rot	100 cm buschig, aufrecht	Umpflanzen schwierig wegen Pfahlwurzel, zieht nach der Blüte ein; zwischen höhere Stauden pflanzen, die vorerst die leere Stelle kaschieren
	Steppen-Salbei *Salvia nemerosa* 'Caradonna'	☼ 🌱 🐝	Mai–Sept. tiefviolett, an dunklen Stielen	60 cm straff aufrecht	bei nachlassender Blüte teilen und neu pflanzen, bei anderen Sorten bringt Rückschnitt nach der Blüte 2. Flor ab August; lange blühende Strukturpflanze
	Teppich-Sedum *Sedum spurium* 'Fuldaglut'	☼ 🌱 🐝	Juli–August karminrot	10 cm breitet sich teppichartig aus	bedarf bei zusagendem Standort keiner Pflege; Blattschmuckstaude, robuster langlebiger Flächendecker, dunkelrote Blätter – auch im Winter

☼ Sonne   ◐ Halbschatten   ● Schatten   🌱 Staude   Zwiebel-/Knollenblume

Steppenpflanzen

LEBENSBEREICH FREIFLÄCHE

Name	Kurzinfo	Blütezeit/ Blütenfarbe	Höhe/ Wuchsform	Pflege und Verwendung
Hohe Fetthenne *Sedum telephium* 'Herbstfreude'	☀ 🌱 🐝	Sept.–Okt. rostbraun	50 cm buschig, straffe Blütenstiele	bei nachlassender Blüte im Frühjahr teilen, Blütenstände erst im Februar abschneiden; Strukturpflanze, bringt »Ordnung« ins Beet, sehr gute Wirkung als Gruppenpflanze in größeren Beeten
Tautropfen-Gras *Sporobulus heterolepis*	☀ 🌿 ✂	Aug.–Sept. grünlich-rötlich	50–70 cm horstartig, dichter Blattschopf	verträgt auch nährstoffreichere, feuchte Böden, im Frühjahr pflanzen, Rückschnitt wegen der schönen Winterwirkung erst im Februar; sehr schöne Herbstfärbung, Blüten duften nach Honig
Silberährengras *Stipa calamagrostis* 'Lemperg'	☀ 🌿	Juli–August silbrig-weiß	90 cm horstig	beste Pflanzzeit April, Rückschnitt wegen der Winterwirkung im Februar; sehr wertvolles Ziergras durch die lange anhaltende Schmuckwirkung der Blüten
Wildtulpe *Tulipa praestans* 'Fusilier'	☀ 🌰	März–April leuchtend rot	25 cm aufrecht	Zwiebeln tief pflanzen (dreifache Zwiebeldicke), Sommertrockenheit verlängert die Lebensdauer, Blätter vergilben lassen; für Steingarten und Kiesbeet, schön zusammen mit Gold-Wolfsmilch
Argentinisches Eisenkraut *Verbena bonariensis*	☀ ✿	Juli–Okt. blauviolett	100 cm staksige hohe Stiele	im März drinnen aussäen, ab Mitte Mai ins Freiland, Ansaat eher trocken halten, sät sich selbst aus; Blickfang im Beet, Blüten »schweben« über Pflanzung
Ehrenpreis *Veronica teucrium* 'Knallblau'	☀ 🌱	Mai–Juni enzianblau	25 cm aufrecht, buschig	liebt kalkhaltigen Boden, nasse Standorte meiden; nach der Blüte unansehnlich, daher eher im Hintergrund und in kleinen Gruppen pflanzen

🌱 Ein- und Zweijährige   🌿 Gräser und Farne   ☠ giftig   ✂ Schnittblume   🐝 Bienenweide   **111**

Pflanzen für den Halbschatten

LEBENSBEREICH GEHÖLZRAND

Name	Kurzinfo	Blütezeit/ Blütenfarbe	Höhe/ Wuchsform	Pflege und Verwendung
Eisenhut *Aconitum carmichaelii* 'Arendsii'		Sept.–Okt. violettblau	130 cm straff aufrecht	sonniger Standort nur bei feuchten Böden, langlebig in Lehmböden, lässt sich besonders gut teilen; wertvolle Solitärstaude, auch wegen der späten Blüte
Inkalilie *Alstroemeria aurantiaca-*Hybriden		Juni–Okt. gelb, weiß, rot, orange, rosa	30–40 cm buschig; breitet sich durch Ausläufer aus	vor Schnecken schützen, frostfrei überwintern; Dauerblüher für Sonne und Halbschatten; wächst auch gut im Gefäß, dann regelmäßig wässern und düngen
Balkan-Anemone *Anemone blanda* 'Blue Shades'		März–April blau	15 cm bildet Kolonien	Knollen vor dem Pflanzen 12 Stunden wässern, liebt lockere humose Böden unter Bäumen, zieht nach der Blüte ein; einer der ersten Frühlingsboten, bringt Farbe in kahle Beete
Japan-Anemone *Anemone hupehensis* var. *japonica* 'Pamina'		Aug.–Okt. rosarot halb gefüllt	60–80 cm breitet sich langsam aus	sonniger Standort nur bei ausreichender Bodenfeuchte, im Frühjahr pflanzen, Vermehrung durch Wurzelschnittlinge, im ersten Winter mit Reisig abdecken; guter Bodendecker auf lehmigen Böden
Busch-Aster *Aster divaricatus*		Aug.–Okt. weiß	60 cm bildet breite Büsche	sehr pflegeleicht, verträgt viel Trockenheit und Wurzeldruck, Blütenstände zieren auch im Winter; verträglicher Bodendecker am sonnigen Gehölzrand
Knollen-Begonie *Begonia tuberhybrida*		Mai–Okt. rot, gelb, weiß, rosa	25–35 cm buschig	nach den Eisheiligen am besten in Gefäßen im Halbschatten einsenken, regelmäßig wässern und düngen, vor Schnecken schützen; hellt Halbschatten auf

    Sonne   Halbschatten   ● Schatten   Staude    Zwiebel-/Knollenblume

Pflanzen für den Halbschatten

LEBENSBEREICH GEHÖLZRAND

Name	Kurzinfo	Blütezeit/ Blütenfarbe	Höhe/ Wuchsform	Pflege und Verwendung
Bergenie *Bergenia*-Hybride 'Winterglut'		April–Mai karminrot	35 cm kriechend, breite Polster	sehr anspruchslos, pflegeleicht und robust, verträgt Sonne, aber keine trockene Hitze; wintergrüne Blatt- schmuckstaude mit roter Herbstfär- bung, auch im Schatten von Mauern
Kaukasus- Vergissmeinnicht *Brunnera macrophylla*		April, Mai hellblau	40 cm breitbuschig	bei starkem Ausbreitungsdrang Ver- blühtes gleich abschneiden, zieht bei längerer Trockenheit ein, treibt bei Feuchtigkeit wieder aus; lang- lebige Staude, guter Partner zu Narzissen
Schneeglanz *Chionodoxa luciliae*		März–April lavendelblau mit weißer Mitte	15 cm bildet Kolonien	breitet sich durch Samen und Brut- knöllchen aus; verwildert schön im Rasen, erst nach dem Vergilben mähen, am liebsten vor und unter Gehölzen
Herbstzeitlose *Colchicum speciosum*		Sept.–Okt. rosalila	15–20 cm breiter Blatthorst	Pflanzzeit August, zieht im Sommer ein; späte Blüte wertvoll im Gehölz- bereich, umfangreiche Blattmasse erdrückt empfindliche Nachbarn
Krokus *Crocus tommasianus*		Februar–März blasslila	5–10 cm bildet Kolonien	erst mähen, wenn Blätter vergilbt sind; starker Ausbreitungsdrang, am liebsten unter Bäumen und Sträuchern, auch in schattigen Rasenpartien
Herbst- Alpenveilchen *Cyclamen hederifolium*		Sept.–Okt. rosa	5–10 cm bildet Kolonien	liebt kalkhaltigen, humosen Boden, Knollen 3–5 cm tief pflanzen, Som- mertrockenheit nötig, Laub zieht im Frühsommer ein, Selbstaussaat; Blattschmuckstaude

Ein- und Zweijährige ⬥ Gräser und Farne ⬥ giftig ⬥ Schnittblume ⬥ Bienenweide **113**

Pflanzen für den Halbschatten

LEBENSBEREICH GEHÖLZRAND

Name	Kurzinfo	Blütezeit/ Blütenfarbe	Höhe/ Wuchsform	Pflege und Verwendung
Tränendes Herz *Dicentra spectabilis*	☼ ◐ ❀ ✄	Mai–Juni rosa-weiß	60–90 cm buschig aufrecht	in Lehmböden besonders langlebig und pflegeleicht, vor Spätfrösten schützen; zieht nach Blüte ein, zwischen höhere Stauden pflanzen, die die Lücke kaschieren
Fingerhut *Digitalis purpurea*	☼ ◐ ❀ ☻ 🐝	Juni–Juli rosarot, hellrosa, weißlich	140 cm Blattrosette mit hohen, aufrechten Blütenstängeln	zweijährig, versamt sich, sehr empfindlich gegen Staunässe, mag eher saure, humose Böden; sehr dekorative Wildstaude, bringt Farbe in den Gehölzrand
Gemswurz *Doronicum orientale*	☼ ◐ ❀ ✄ 🐝	April–Mai gelb	40 cm breite Polster	sonniger Standort nur bei ausreichend feuchten Böden, nach einigen Jahren durch Teilung verjüngen, verträgt keine torfhaltigen Substrate; nach der Blüte unansehnlich, in den Hintergrund pflanzen
Fuchsie *Fuchsia*-Hybriden	◐ ❀	Mai–Okt. rot, weiß, rosa	20–50 cm buschig oder hängend	empfindlich gegen Staunässe, vor Mittagssonne schützen, bei schlappen Blättern nur gießen, wenn Erde trocken, frostfrei überwintern; Dauerblüher im Halbschatten
Schneeglöckchen *Galanthus nivalis*	◐ ☍ 🐝	Februar–März weiß	15 cm bildet Kolonien	Blätter einziehen lassen, beste Zeit zum Teilen und Umpflanzen nach der Blüte, Zwiebeln nicht offen liegen lassen; verwildert im ganzen Garten, wenn es ungestört bleibt
Storchschnabel *Geranium* x *cantabrigiense* 'St. Ola'	☼ ◐ ❀	Juni–Juli weiß	25 cm bildet breite Polster	äußerst pflegeleicht, robust und gesund; nicht wuchernder Flächendecker für kleinere Partien im Halbschatten, überwächst empfindliche, zarte Nachbarn

☼ Sonne Halbschatten ● Schatten ❀ Staude ☍ Zwiebel-/Knollenblume

Pflanzen für den Halbschatten

LEBENSBEREICH GEHÖLZRAND

	Name	Kurzinfo	Blütezeit/ Blütenfarbe	Höhe/ Wuchsform	Pflege und Verwendung
	Blut-Storchschnabel *Geranium sanguineum* 'Elsbeth'		Mai–August karminrot	40 cm breitbuschig	verträgt extrem viel Wurzeldruck und Trockenheit, außer Rückschnitt im Spätwinter keine Pflege; sehr guter, langlebiger Bodendecker, schöne Herbstfärbung
	Dreiblatt-Spiere *Gillenia trifoliata*		Juni–Juli weiß	80–100 cm aufrecht buschig	außer Rückschnitt im Spätwinter keine Pflege nötig; langlebige Staudenschönheit, Solitärpflanze, leuchtend gelbe und orange Herbstfärbung, viel zu wenig bekannt
	Taglilie *Hemerocallis*-Hybride 'Corky'		Juli–Sept. helles Zitronengelb, brauner Rand	70–80 cm horstig	extrem robust, gesund und langlebig, auf sandigen Böden bei langer Trockenheit wässern, Rückschnitt im Herbst; wirkt einzeln so gut wie in Gruppen, unterdrückt Unkraut
	Hasenglöckchen *Hyacinthoides non-scripta*		April–Mai violettblau	20 cm bildet Kolonien	breitet sich sehr schnell aus, was auch lästig werden kann; zwischen Nachbarn pflanzen, die später das vergilbende Laub kaschieren
	Männertreu *Lobelia erinus*-Hybriden		Mai–Okt. blau, violett, weiß	30–40 cm buschig überhängend	wertvoller Sommerblüher für den Halbschatten, am besten im Gefäß; verträgt keine Mittagssonne, Rückschnitt Ende Juli für zweiten Flor
	Polster-Primel *Primula juliae* 'Perle von Bottrop'		März–April rotlila	10–15 cm bildet breite Polster	keine Mittagssonne, Lehmboden, vor vitalen Nachbarn schützen, nach einigen Jahren nach der Blüte teilen, bei Trockenheit wässern; wertvoller Frühjahrsblüher

 Ein- und Zweijährige    Gräser und Farne   giftig   Schnittblume   Bienenweide   **115**

Schattenstauden

LEBENSBEREICH GEHÖLZ

Name	Kurzinfo	Blütezeit/ Blütenfarbe	Höhe/ Wuchsform	Pflege und Verwendung
Pfauenrad-Farn *Adiantum pedatum*	◑ ● 🌿	blüht nicht	50 cm aufrecht, locker buschig	liebt feuchte, kühle Plätze und leicht saure Böden, bei Trockenheit wässern, Wedel erst im Februar abschneiden; auffallend schöner Solitärfarn, auch in Gruppen wirkungsvoll
Wald-Geißbart *Aruncus dioicus*	◑ ● 🌸	Juni–Juli männliche Pflanzen weiß, weibliche gelblich	150–200 cm aufrecht	liebt feuchte Lehmböden, kommt aber auch mit Trockenheit zurecht, langlebig und robust, außer Rückschnitt im Herbst keine Pflege nötig; als hohe Solitärstaude sehr wertvoll
Japan-Segge *Carex morrowii* 'Variegata'	◑ ● 🌿	März–April dunkelbraun	30–40 cm horstig, breite Blattbüsche	verträgt Trockenheit, Risslinge bewurzeln sich gut im Mai und September; wintergrün, im Mai unansehnlich, daher besser nicht in Gruppen pflanzen
Elfenblume *Epimedium grandiflorum* 'Lilafee'	◑ ● 🌸	April–Mai violett	30 cm bildet breite Polster	liebt feuchte, eher saure Böden, Laub im Vorfrühling abschneiden, sonst wird die Blüte verdeckt, umpflanzen und teilen im Mai; Laub mit hohem Zierwert
Hundszahn *Erythronium tuolumnense* 'Pagode'	◑ ● 🧅	April–Mai gelb	30 cm dichter Blattschopf	Boden zur Blütezeit feucht, im Sommer trocken, Blätter einziehen lassen, Zwiebeln nicht offen liegen lassen, sofort pflanzen; Juwel im Schattenbeet, verwildert an zusagenden Standorten
Japan-Gras *Hakonechloa macra* 'Aureola'	◑ ● 🌿	Juli–August gelblich	30–40 cm bildet breite Polster, überhängender Blattschopf	bei anhaltender Trockenheit gießen, im Frühjahr umpflanzen und teilen, Winterschutz; schöner Kontrast zu breitblättrigen Bergenien oder Funkien

   Sonne   Halbschatten ● Schatten 🌸 Staude   Zwiebel-/Knollenblume

Schattenstauden

LEBENSBEREICH GEHÖLZ

Name	Kurzinfo	Blütezeit/ Blütenfarbe	Höhe/ Wuchsform	Pflege und Verwendung
Lenzrose *Helleborus orientalis*-Hybriden	☼ ● ❀	März–April creme, weiß-grün, rosa, purpurrot	40 cm straff aufrechte Horste	verträgt keine Nässe im Sommer, gedeiht auch auf schweren Lehmböden, vergilbtes Laub abschneiden; wertvoller Frühblüher, einzeln oder in Gruppen
Funkie *Hosta*-Arten und -Sorten	☼ ● ❀	Juni–Juli hellblau, violett, weiß	20–50 cm bildet runde Horste	langlebig und robust, verträgt Trockenheit, vor Schneckenfraß schützen; Blattschmuckstaude, guter Partner zu Narzissen, verdeckt deren vergilbendes Laub
Fleißiges Lieschen *Impatiens walleriana*-Hybriden	☼ ● ✺	Mai–Okt. rot, rosa, violett, weiß	30 cm rund buschig	nach den Eisheiligen am besten in Gefäßen auspflanzen, sehr schattenverträglich, gut feucht halten, aber keine Staunässe, regelmäßig düngen; wertvoller Blüher im Schatten
Bronze-Schaublatt *Rodgersia podophylla*	☼ ● ❀	Juni–Juli cremeweiß	130 cm bildet hohe, breite Büsche	möglichst ungestört wachsen lassen, bei Trockenheit gießen; langlebige Blattschmuckstaude, Solitärpflanze und Blickfang im Schatten, schöne Herbstfärbung der Blätter
Kleines Immergrün *Vinca minor* 'Gertrud Jeckyll'	☼ ● ❀	April–Mai weiß	15 cm breitet sich durch Ausläufer flächig aus	mag lockere, feuchte Böden, verträgt vorübergehende Trockenheit, aber keine verdichteten Böden, bei Kahlfrost mit Reisig abdecken; immergrüner Bodendecker
Ungarwurz *Waldsteinia geoides*	☼ ● ❀	April gelb	20–25 cm bildet breite, dichte Polster	auf sandigen Böden empfindlich gegen Trockenheit, gießen, umpflanzen und teilen nach der Blüte im Mai oder im Oktober; schön in großen Gruppen

Pflanzen feuchter Wiesen und Gewässerufer

FEUCHTE LEBENSBEREICHE

Name	Kurzinfo	Blütezeit/ Blütenfarbe	Höhe/ Wuchsform	Pflege und Verwendung
Prachtspiere *Astilbe Arendsii-* Hybriden	☀ ◑ ❀ ✂	Juli–August rosa, weiß, rot	ca. 100 cm buschig, straff aufrechte Blütenstände	bevorzugt lichten Schatten, sandige Böden mit Bentonit verbessern, verträgt keine Staunässe, umpflanzen und teilen im März, dankbar für Kompost; prachtvolle Blütenstaude
Sumpfdotterblume *Caltha palustris*	☀ ◑ ❀	April–Mai gelb	25–30 cm bildet breite Polster	verträgt für kurze Zeit Trockenheit, bevorzugt lehmige, nährstoffreiche Böden, teilen und umpflanzen nach der Blüte; wächst auch am Wasserrand
Prärielilie *Camassia quamash*	☀ ◊	Mai–Juni hell violettblau	50–60 cm breiter Blattschopf mit straff aufrechten Blütenstielen	sehr schöne Zwiebelblume für feuchte Beete, verträgt keine Staunässe; zwischen Stauden pflanzen, die vergilbendes Laub verdecken; samt sich aus, guter Partner zu Chinaschilf
Wasserdost *Eupatorium fistulosum*	☀ ◑ ❀	Juli–Sept. rosarot	150–200 cm straff aufrecht, horstig	verträgt vorübergehende Trockenheit, vor allem in Lehmböden, Rückschnitt wegen der Winterwirkung erst im Februar; hervorragende Solitärstaude
Mädesüß *Filipendula rubra* 'Venusta'	☀ ◑ ❀	Juni–Juli rosarot	150 cm aufrecht, buschig	langlebig nur auf nährstoffreichen Lehmböden, bei Trockenheit wässern, bei nachlassender Blüte teilen; Solitärstaude für feuchte Beete und Wasserränder
Schachbrettblume *Fritillaria meleagris*	☀ ◑ ◊	April–Mai rot-braun mit Würfelmuster	25–30 cm eintriebig	in Ruhe einziehen lassen, bei Trockenheit wässern, verwildert an zusagenden Standorten; attraktive Zwiebelblume für feuchte Wiesen und Beete

☀ Sonne 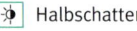 Halbschatten ● Schatten Staude Zwiebel-/Knollenblume

Pflanzen feuchter Wiesen und Gewässerufer

FEUCHTE LEBENSBEREICHE

Name	Kurzinfo	Blütezeit/ Blütenfarbe	Höhe/ Wuchsform	Pflege und Verwendung
Sumpf-Schwertlilie *Iris pseudacorus*	☀ 🌱	Mai–Juni gelb	100 cm horstig, auf-recht	verträgt sowohl nasse, sumpfige Böden als auch kurze Trockenzeiten, teilen und umpflanzen nach der Blüte; für Teich und Bach, auch im feuchten Beet
Kerzen-Ligularie *Ligularia przewalskii*	☀ ◑ 🌱 🐝	Juli–August goldgelb	120 cm aufrecht, bu-schig, straffe Blütenstände	verträgt Sonne nur in feuchten Böden, vor Mittagshitze schützen; auffällige Solitärstaude im feuchten Beet, auch am Wasserrand
Pfeifengras *Molinia caerulea*	☀ ◑ 🌾	Aug.–Sept. bräunlich	50 cm, Blütenstände 100 cm horstiger Gräserbusch	bevorzugt saure Böden, verträgt keine Staunässe, im Frühjahr teilen und pflanzen; möglichst einzeln pflanzen, Blütenstiele kippen nach den ersten Frösten um
Rosen-Primel *Primula rosea*	☀ ◑ 🌱	März–April leuchtend rosarot	15 cm breite Blatt-schöpfe	nährstoffreicher Boden, verträgt keine Trockenheit, verjüngen durch Teilung nach der Blüte, vor vitalen Nachbarn schützen; im feuchten Beet und Sumpf
Trollblume *Trollius europaeus*	☀ ◑ 🌱 ✂	Juni–Juli hellgelb	50 cm horstig, auf-rechte Blüten-stiele	Rückschnitt nach der Blüte bringt 2. Flor im Herbst, bei Nachlassen der Blüte im Frühjahr oder Herbst teilen; auffallende Blütenstaude, einzeln oder in Gruppen
Vernonie *Vernonia crinita*	☀ 🌱 ✂	Aug.–Okt. purpurviolett	180 cm straff auf-recht, horstig, buschig	an zusagenden Standorten robust, Laub dekorativer als bei Astern, später Austrieb, Vorsicht beim Hacken, teilen und umpflanzen im Frühjahr; Solitärstaude

🌱 Ein- und Zweijährige 🌾 Gräser und Farne ⊠ giftig ✂ Schnittblume 🐝 Bienenweide **119**

Januar

- Knollen und Blumenzwiebeln im Winterlager auf Pilzbefall und Trocknis überprüfen.
- Bei Kahlfrösten Winterschutz (Reisigabdeckung o. Ä.) im Garten überprüfen.
- Falls Neupflanzungen anstehen, Kataloge , Gartenzeitschriften und Fachbücher für Anregungen und Sortenempfehlungen zurate ziehen.
- Sommerblumen-Saaten aussuchen und bestellen.
- Jetzt gute Zeit – wenn der Boden offen ist – zum Schneiden von Wurzelschnittlingen geeigneter Stauden.

Februar

- An schönen Tagen Gräser und Stauden bodengleich abschneiden.
- Frostfreies Wetter eignet sich gut, um das Fundament für die Trockenmauer auszuheben.
- Wenn der Boden offen ist, Beete auf Unkräuter kontrollieren.
- Aussaat von Sommerbumen am hellen Fenster.

März

- Trockenes Frühlingswetter eignet sich am besten, um Beete neu anzulegen oder umzugestalten.
- Viele Stauden können mit Beginn des Austriebs geteilt und neu gepflanzt werden.
- Boden zwischen den Stauden dünn mit Kompost oder Mulch bedecken.
- Hohe Tulpen und Narzissen mit Beginn des Austriebs düngen.
- Jetzt beste Pflanzzeit für vorgetriebene Stiefmütterchen.
- Spätestens jetzt mit der Aussaat von Sommerblumen und Stauden in der Anzuchtschale auf dem Fensterbrett beginnen.

Blumenpflege rund ums Jahr

Juli

- Remontier- und Ordnungsschnitt an abgeblühten Stauden vornehmen.
- Bei anhaltender Trockenheit gründlich wässern.
- Sommerblumen mit schnell wirkendem Dünger düngen. Stauden nicht mehr düngen, damit sie ausreifen können.
- Regelmäßig verwelkte Blüten abschneiden, das verlängert die Blütezeit.
- Den Boden zwischen Prachtstauden und Sommerblumen im Beet regelmäßig mit der Hacke auflockern.

August

- Jetzt im Herbst blühende Zwiebelblumen pflanzen.
- Hohe Bart-Iris teilen.
- Wurzelschnittlinge vom Türkenmohn schneiden.
- Gute Zeit, um Stecklinge vom Lavendel zu schneiden und anzuziehen.
- Rückschnitt von Phlox nach der Blüte, um eine Selbstaussaat zu verhindern.
- Sommerblumen regelmäßig gießen und ausputzen.
- Dahlien regelmäßig in den Wurzelbereich gießen und welke Blüten abschneiden.

September

- Jetzt ist Pflanzzeit für Stauden und Zwiebelblumen.
- Kurzlebige Stauden, mit Ausnahme der Herbstblüher, teilen und verjüngen.
- Ende des Monats beste Zeit, um Pfingstrosen zu teilen.
- Bei anhaltender Trockenheit herbstblühende Stauden gut wässern.
- Frostharte Zweijährige jetzt ins Beet auspflanzen.
- Verwelkte Dahlienblüten weiterhin abschneiden.
- Samen- und Wurzelunkraut weiter bekämpfen.

April

- Dahlien und Gladiolen topfen, frostfrei und hell aufstellen.
- Auch im April pflanzen und teilen, das gilt besonders für Gräser und Herbst-Anemonen.
- Schneckenkorn wirkt jetzt besonders effektiv.
- Abgeblühte Wildzwiebeln beim Rasenmähen umfahren, damit das Laub einziehen kann.
- Ab Ende des Monats können Sommerblumen im Freiland ausgesät werden.
- Düngen nach Hinweisen der Bodenprobe.
- Spätfrostgefährdete Stauden eventuell abdecken.

Mai

- Ab Mitte des Monats frostempfindliche Sommerblumen und Knollen ins Freie pflanzen.
- Auf Schnecken achten.
- Einige Frühblüher wie Primeln und Gemswurz jetzt durch Teilen verjüngen.
- Verwelkte Blüten von hohen Tulpen und Narzissen entfernen, Laub einziehen lassen.
- Rittersporn und Tränendes Herz vor den letzten Nachtfrösten schützen.
- Unkraut im Keim ersticken.
- Alle Blumen auf Krankheiten und Schädlinge kontrollieren.
- Gute Zeit für Stecklinge.

Juni

- Neupflanzungen und Sommerblumenbeete bei Bedarf gründlich wässern.
- Ständige Kontrolle auf Krankheiten und Schädlingsbefall.
- Anfang des Monats im Steingarten abgeblühte Polsterpflanzen kräftig zurückschneiden.
- Nicht standfeste Stauden und Sommerblumen stützen.
- Im Prachtbeet den Boden oberflächlich auflockern.
- Verwelkte Blüten und abgestorbene Pflanzenteile abschneiden.
- Prachtstauden und Sommerblumen bei Trockenheit gut in den Wurzelbereich hinein wässern.

Wann ist der beste Zeitpunkt zum Pflanzen, Schneiden, Düngen und Vermehren? Misserfolge und unnötige Arbeit lassen sich vermeiden, wenn Sie ab und zu einen Blick in den Jahresarbeitskalender werfen.

Oktober

- In diesem Monat sind Neuanlagen und Umpflanzaktionen mit Stauden und Zwiebelblumen gut möglich.
- Unansehnliche abgeblühte Stauden zurückschneiden.
- Nach den ersten Nachtfrösten Sommerblumen abräumen. Leere Beete sauber abrechen, lehmige Böden spatentief umgraben.
- Mehrjährige Sommerblumen in frostfreie Überwinterungsquartiere bringen.
- Frostempfindliche Knollen ausgraben und frostfrei einlagern.

November

- Nur in milden Lagen können noch Stauden und Zwiebelblumen gepflanzt werden.
- Kahle Stellen im Beet mit einer dünnen Mulchschicht abdecken.
- Pampasgras zusammenbinden und mit Laubdecke schützen.
- Neu gepflanzte Staudenbeete mit gehäckseltem Laub dünn abdecken.

Dezember

- Knollen und Blumenzwiebeln im Winterlager prüfen. Stimmen Feuchtigkeit und Temperatur?
- Reisig bereitlegen, um empfindliche Stauden im Januar vor eventuellen Kahlfrösten schützen zu können.
- Ein letzter Kontrollgang beendet das Gartenjahr.
- Im Sommer angefertigte Beetskizzen oder Gartenfotos ansehen. Ist alles in Ordnung gewesen, oder stehen eventuelle Um- oder Neupflanzungen an?
- Werkzeug kontrollieren, säubern, schärfen, einölen.

Register

Halbfette Seitenzahlen verweisen auf Abbildungen.

Adressen

Staudengärtnereien

Pöppel-Stauden
Hauptstrasse 95
D-28816 Stuhr-Seckenhausen
www.poeppel-stauden.de

Staudengärtnerei Gerhild Diamant
Mühlenweg 39
47239 Duisburg

Staudengärtnerei Dieter Gaissmayer
Jungviehweide 3
89257 Illertissen
www.gaissmayer.de

Blumenzwiebeln

Gärtnerei Gaissmayer
Jungviehweide 3
89257 Illertissen
www.gaissmayer.de

Bernd Schober
Stätzlinger Straße 94 a
86165 Augsburg
www.der-blumenzwiebel-versand.de

Blumensamen

Samentraum Gassmann
Berckstraße 30
28259 Bremen
www.samentraum.de

Saatgut für Bienen-futterpflanzen

Saaten Zeller
Erftalstraße 6
63928 Riedern
www.saaten-zeller.de

Bodenuntersuchung

VDLUFA – Verband Deutscher Landwirtschaftlicher Untersuchungs- und Forschungs-anstalten e. V.
c/o LUFA Speyer
Obere Langgasse 40
67346 Speyer
www.vdlufa.de

Literatur

Weiterführende Bücher

Barlage/Fleuchaus/Haas/Jany/ Schuster: **Quickfinder Garten-praxis.** Gräfe und Unzer Verlag, München

Gröne/Kaiser: **Immerblühende Beete.** Gräfe und Unzer Verlag, München

Hansen/Stahl: **Die Stauden.** Eugen Ulmer Verlag, Stuttgart

Hensel/Jany/Kluth/Mayer/ Späth: **Das große GU Praxis-Handbuch Garten.** Gräfe und Unzer Verlag, München

Herr/Nickig: **Gartenblumen von A–Z.** Gräfe und Unzer Verlag, München

Hertle/Kiermeier/Nickig: **Garten-blumen.** Gräfe und Unzer Verlag, München

Schuster: **Quickfinder Pflanzen-schutz.** Gräfe und Unzer Verlag, München

Gartenlust pur

GU PFLANZENPRAXIS – Gärtnern wie ein Profi

ISBN 978-3-8338-0191-4
128 Seiten

ISBN 978-3-7742-6765-7
128 Seiten

ISBN 978-3-7742-6764-0
128 Seiten

Preis je Band: 12,90 € [D]

ISBN 978-3-7742-7281-1
128 Seiten

ISBN 978-3-7742-8840-9
128 Seiten

ISBN 978-3-7742-8839-3
128 Seiten

Änderungen und Irrtum vorbehalten.

Das macht sie so besonders:

Das Plus an Praxis – alle Arbeiten step by step

Frage & Antwort – guter Rat vom Gartenexperten

Auf einen Blick – Material, Werkzeug und Zubehör

GU

Willkommen im Leben.

BILDNACHWEIS

Baumjohann: 76/2, 77/4; Beck: 100/3, 100/5, 100/6, 102/5, 103/6, 108/1, 115/3, 115/6; Bieker: 101/5, 104/4, 109/4; Bornemann/GU: 55/1, 55/2, 55/3, 55/4, 86re.; Borstell: 115/5; Brand: 114/6; Corbis: 6u.li.; Eisenbeiß: 106/4; GAP: 99; Garden-Collection: U1; Getty-Images: 94o.; Gröne: 101/6; Haas: 62; Hansen: 65re., 67/4, 75/2, 98, 101/1, 103/4, 104/3, 105/2, 105/4, 110/4, 111/5, 115/4, 119/5; Henseler: 74/2, 75/3, 76/4, 77/2; Herwig: 111/1; IFA: 5re., 5u., 96o.re.,121o.; Jahreiß/GU: 67/2, 80; Kuttig: 76/1, 77/1, 77/5; Morell: 16, 31, 101/2, 103/1, 103/3, 104/2, 104/6, 105/3, 105/6, 106/1, 107/2, 107/4, 108/3, 109/3, 109/6, 110/3, 111/3, 111/4, 112/2, 113/2, 114/5, 115/2, 116/1, 116/3, 117/6, 118/3, 119/1, 119/2, 119/3; Nickig: 101/3, 102/2, 102/3, 104/5, 106/3, 108/5, 109/2, 109/5, 110/2, 112/1, 113/1, 113/3, 113/5, 114/2, 114/3, 116/2, 116/4, 118/1, 119/6; Pforr: 103/2, 104/1, 111/6, 118/2, 118/4, 118/5, 119/4; Raiser: 74/6; Redeleit: 4li., 6u.re., 20re., 23, 28u.re., 34, 35, 37, 65li., 67/1, 67/3, 72, 74/1, 74/3, 74/4, 76/5, 78, 92; Reinhard: 75/5; Romeis: 4re., 6o.li., 24, 100/2, 103/5, 105/1, 107/6, 110/5, 113/4, 115/1; Schneider-Will: 6o.re., 15, 19li., 19re., 26, 30, 38, 76/6, 100/4, 102/6, 105/5, 108/2, 108/4, 109/1, 112/5, 112/6, 116/6, 117/1, 117/3, 118/6, 114/1, 117/2; Schuster: 75/6; Stork/GU: 82; Strauß: 13, 17, 20li., 20mi., 25, 32, 36, 71/1, 71/3, 71/4, 71/5, 74/5, 75/1, 75/4, 77/3, 77/6, 89/1, 89/2, 89/3, 94u, 95, 96u.re., 96u.li., 106/5, 107/1, 112/4, 114/4, 117/4, 120, 121; Strauß/GBA: 9, 10, 14, 76/3; Timmermann: 2-3, 8, 11, 19mi., 22, 63, 65mi.; VisionPictures: 101/4, 113/6; Waldhäusl: 1, 96o.li.; Wunderlich: 5li., 28o.li., 28o.re., 28u.li., 40, 41, 42o., 42u., 43o., 43mi.re., 43u., 45/1, 45/2, 45/3, 45/4, 47/1, 47/2, 47/3, 48/1, 48/2, 48/3, 51li., 51mi., 51re., 52re., 53li., 53mi., 53re., 56li., 56mi., 56re., 57li., 58li., 58re., 59li., 59mi., 59re., 60, 68li., 68mi., 68re., 69li., 71/2, 73, 81, 83, 85/1, 85/2, 85/3, 85/4, 87li., 87mi., 87re., 90li., 90mi., 90re., U4li., U4mi., U4re.

Illustrationen von Heidi Janiček, München.

Fotos auf dem Umschlag und im Innenteil: Umschlagvorderseite: *Ageratum houstonianum* und *Rudbeckia sullivantii;* S. 6: Tulpen und Vergissmeinnicht (o.li.), Garten mit Eisentor (o.re.), Holzbank mit Gartengeräten (u.li.), Staudenbeet (u.re.); S. 30: Pflanze wässern (o.li.), Stecklinge (o.re.), Gartengeräte (u.li.), Verblühtes abschneiden (u.re.); S. 96: Frühlingsblüher (o.li.), Sonnenhut (o.re.), Staudenbeet mit Chinaschilf (u.li.), Ein- und Zweijährige (u.re.); Umschlagrückseite: Brutzwiebeln abnehmen (li.), Kiesbeet mulchen (mi.), Stecklinge (re.).

DIE AUTORIN

Elisabeth Fleuchaus ist gelernte Staudengärtnerin und Gartenbautechnikerin. Sie ist als Gartencoach tätig und berät Hobbygärtner bei der Planung, Gestaltung, Anlage und Pflege ihrer Gärten.

DIE FOTOGRAFIN

Eva Wunderlich arbeitet als Freie Fotografin und hat ein Studio in München. Garten ist eines ihrer Spezialthemen.

DANK

Verlag, Autorin und die Fotografin Eva Wunderlich danken für die freundliche Unterstützung bei der Fotoproduktion: www.blickpunkt-garten.de; Rainer Fleuchaus, Marktheidenfeld; www.gartenbedarfversand.de; Sylvia Gress, Hafenlohr; Fam. Hellus, Selb; Fam. Kraus, Hafenlohr; Lidy Luehrs, Marienbrunn; Dr. Joachim Müller-Scholden, Marktheidenfeld; Fam. Stangl, Hafenlohr sowie Günter und Uli Wunderlich, Selb.

WICHTIGE HINWEISE

- Einige der hier beschriebenen Pflanzen sind giftig oder hautreizend. Sie dürfen nicht verzehrt werden.
- Sollten Sie sich bei der Arbeit verletzen, suchen Sie umgehend einen Arzt auf. Eventuell ist eine Impfung gegen Tetanus erforderlich.
- Bewahren Sie Dünge- und Pflanzenschutzmittel für Kinder und Haustiere unerreichbar auf.

IMPRESSUM

© 2008 GRÄFE UND UNZER VERLAG GmbH, München
Alle Rechte vorbehalten. Nachdruck, auch auszugsweise, sowie Verbreitung durch Film, Funk, Fernsehen und Internet, durch fotomechanische Wiedergabe, Tonträger und Datenverarbeitungssysteme jeder Art nur mit schriftlicher Genehmigung des Verlags.

Programmleitung: Christof Klocker
Leitende Redaktion: Anita Zellner
Redaktion und Konzeption: Angelika Holdau
Lektorat: Sonnhild Bischoff
Bildredaktion: Daniela Laußer
Umschlaggestaltung und Layout: independent Medien-Design, München
Produktion: Susanne Mühldorfer
Satz: Ludger Vorfeld, München
Reproduktion: Penta Repro, München
Druck: Firmengruppe APPL, Wemding
Bindung: m.appl, Monheim

Printed in Germany

ISBN 978-3-8338-0877-7

1. Auflage 2008

GRÄFE UND UNZER

Ein Unternehmen der
GANSKE VERLAGSGRUPPE